证券业从业人员一般从业资格考试辅导用书 2021

证券市场基本法律法规

习题与精解

证券业从业人员一般从业资格考试专家组　编

中国金融出版社

责任编辑：石　坚
责任校对：刘　明
责任印制：陈晓川

图书在版编目（CIP）数据

证券市场基本法律法规习题与精解/证券业从业人员一般从业资格考试专家组编．—北京：中国金融出版社，2020.12
证券业从业人员一般从业资格考试辅导用书．2021
ISBN 978-7-5220-0972-8

Ⅰ．①证…　Ⅱ．①证…　Ⅲ．①证券法—中国—资格考试—题解
Ⅳ．①D922.287-44

中国版本图书馆 CIP 数据核字（2020）第 270108 号

证券市场基本法律法规习题与精解
ZHENGQUAN SHICHANG JIBEN FALÜ FAGUI XITI YU JINGJIE

出版
发行　中国金融出版社

社址　北京市丰台区益泽路2号
市场开发部　（010）66024766，63805472，63439533（传真）
网上书店　http://www.chinafph.com
　　　　　（010）66024766，63372837（传真）
读者服务部　（010）66070833，62568380
邮编　100071
经销　新华书店
印刷　北京市松源印刷有限公司
尺寸　169 毫米 × 239 毫米
印张　13.75
字数　220 千
版次　2021 年 2 月第 1 版
印次　2021 年 2 月第 1 次印刷
定价　46.00 元
ISBN 978-7-5220-0972-8
如出现印装错误本社负责调换　联系电话（010）63263947

前　　言

随着我国资本市场改革的不断深入，股票发行注册制改革在不同板块稳步推进，相关的法律法规也发生了较大的变化，中国证券业协会组织编写的新版《证券业从业人员一般从业资格考试统编教材》在这样的背景下应运而生。新版教材不仅包括了现行法规的最新规定，而且涵盖了大量资本市场重大改革的新内容，知识体系更加系统完善，涉及的知识量也相应扩大。这种变化一方面有利于考生全面了解相关知识，构建从业必需的知识体系，另一方面对自学通过考试提出了更高的要求。

虽然现在的证券业从业人员一般从业资格考试只有单项选择题和组合型单项选择题两种题型，对知识掌握的要求相对容易一些；但是，因为证券业从业人员资格考试不公布历年真题，增加了考生获取相关考点信息的难度。面对厚厚的教材、庞杂的知识点，没有专业基础的考生常有无所适从感。为了更好地还原考试难度，展示出题思路，提高复习效率，本书编者在大量收集回忆版历年真题的基础上，结合最新的教材内容，按照考试大纲了解、熟悉、掌握的不同要求，对不同的考点进行分层级的覆盖。本书精选了常见、高频的考点，力求全面、精准地提炼考点，既做到考点的全面覆盖，又去除诸多重复、冗余信息，高度浓缩，可以大大提高学习效率，减少复习时间，让考生尽早、尽快地通过考试。希望考生通过本书的学习，能够更好地发现考点，熟悉出题的角度，培养考试的题感，为将来继续参加中国证券业协会组织的其他专项业务类资格考试做好充分的考试技能储备。

任何一个国家崛起为世界强国都伴随着资本市场的发展和助力，从荷兰、英国、美国到今天的中国，都将证明资本市场的重要作用。从中长期来看，我国的资本市场是当之无愧的朝阳产业，可以为有识之士提供广阔的发展舞台。虽然本书能够帮助考生用更短的时间通过考试，但是全面掌握证券从业所需的知识仍应成为大家的重要目标。希望大家通过证券业从业人员一般从业资格考试以后，不要放慢前进的步伐，继续学习中国证券业协会组织的其他专项业务类资格考试。在不断学习中提高自己，为以后的证券从业之路打好坚实的知识基础；为我国资本市场的发展、完善，贡献应有之力。

尽管本书编者追求精益求精，但书中难免存在不足和疏漏之处，敬请广大读者提出宝贵的意见和建议。最后预祝各位考生顺利通过考试！

目 录

第一章 证券市场基本法律法规 …………………………………… 1
　一、单项选择题 ………………………………………………… 1
　二、组合型单项选择题 ………………………………………… 28

第二章 证券经营机构管理规范 …………………………………… 54
　一、单项选择题 ………………………………………………… 54
　二、组合型单项选择题 ………………………………………… 74

第三章 证券公司业务规范 ………………………………………… 92
　一、单项选择题 ………………………………………………… 92
　二、组合型单项选择题 ………………………………………… 136

第四章 证券市场典型违法违规行为及法律责任 ………………… 183
　一、单项选择题 ………………………………………………… 183
　二、组合型单项选择题 ………………………………………… 189

第五章 行业文化、职业道德与从业人员行为规范 ……………… 195
　一、单项选择题 ………………………………………………… 195
　二、组合型单项选择题 ………………………………………… 201

第一章 证券市场基本法律法规

一、单项选择题

1. 下列关于法的特征,说法错误的是( )。
   A. 法具有国家意志性,是由国家制定或认可的社会规范
   B. 法具有规范性,是调整人们的行为或社会关系的规范
   C. 法是以权利和义务为内容的社会规范
   D. 法具有国家强制性,国家强制力是保证法得以实施的唯一手段

   【答案】D
   【解析】选项D国家的强制力是保障法得以实施的最后手段,但并不是唯一手段。

2. 按照法律关系发生的方式,可以将法律关系分为( )。
   A. 双边法律关系与多边法律关系
   B. 确认性法律关系与创设性法律关系
   C. 第一性法律关系与第二性法律关系
   D. 纵向法律关系与横向法律关系

   【答案】B
   【解析】选项A是按照法律关系的主体数量;选项C是按照法律关系之间的因果关系;选项D是按照法律主体在法律关系中的地位不同。

3. 下列关于法律关系的说法,错误的是( )。
   A. 法律关系主体主要包括自然人、组织和国家
   B. 法律关系客体包括人格
   C. 对于自然人来说,有权利能力一定有行为能力
   D. 法律关系由主体、客体与内容构成

   【答案】C
   【解析】对于自然人来说,有权利能力并不等于一定有行为能力。

4. 下列属于中国证监会制定的部门规章的是(　　)。
A. 《证券期货投资者适当性管理办法》
B. 《中华人民共和国证券法》
C. 《质押式报价回购交易及登记结算业务办法》
D. 《中华人民共和国公司法》
【答案】A
【解析】《证券法》和《公司法》属于法律，《质押式报价回购交易及登记结算业务办法》属于行业自律规则。

5. 下列关于证券市场法律法规的说法中，正确的是(　　)。
A. 《证券发行与承销管理办法》属于自律性规则
B. 《证券公司监督管理条例》和《证券公司风险处置条例》属于部门规章
C. 《中华人民共和国证券投资基金法》属于法律
D. 《中华人民共和国证券法》属于行政法规
【答案】C
【解析】《证券发行与承销管理办法》属于部门规章，《证券公司监督管理条例》和《证券公司风险处置条例》属于行政法规，《中华人民共和国证券法》属于法律。

6. 按照《中华人民共和国公司法》，公司是特指在中国境内设立的(　　)。
A. 两合公司　　　　　　　B. 无限责任公司和股份两合公司
C. 股份两合公司　　　　　D. 股份有限公司和有限责任公司
【答案】D
【解析】公司特指在中国境内设立的股份有限公司和有限责任公司。

7. 有限责任公司是企业法人，其股东对公司承担(　　)。
A. 经营责任　B. 无限责任　C. 连带责任　D. 有限责任
【答案】D
【解析】有限责任公司是指股东以其认缴的出资额为限对公司承担责任，公司以其全部财产对公司的债务承担责任的公司。

8. 关于公司设立的子公司，下列说法正确的是( )。
   A. 子公司具有企业法人资格
   B. 子公司不可以设立分公司
   C. 子公司不能独立承担民事责任
   D. 子公司民事责任由母公司承担

【答案】A

【解析】子公司具有企业法人资格，依法独立承担民事责任，当然也可以设立自己的子公司。

9. 下列关于公司设立方式的说法，正确的是( )。
   A. 发起设立适用于有限责任公司、股份有限公司和合伙企业
   B. 募集设立适用于有限责任公司和股份有限公司
   C. 募集设立时，全部股份均向社会公开募集
   D. 发起设立时，由发起人认购公司应发行的全部股份

【答案】D

【解析】选项A，发起设立适用于有限责任公司和股份有限公司；选项B，募集设立只适用于股份有限公司；选项C，募集设立时，发起人认购公司应发行股份的一部分，其余股份向社会公开募集或者向特定对象募集。

10. 有限责任公司的成立时间为( )。
    A. 公司营业执照签发日期   B. 公司足额缴纳出资额日期
    C. 公司申请设立登记日期   D. 公司章程制定日期

【答案】A

【解析】公司营业执照签发日期为公司成立日期。

11. 下列关于公司担保决定权的说法中，正确的是( )。
    A. 公司为股东提供担保必须经董事会决议
    B. 由公司经理为本公司股东提供担保
    C. 公司为股东提供担保必须经股东会或者股东大会决议
    D. 由董事长为本公司股东提供担保

【答案】C

【解析】公司为他人担保，依照公司章程的规定由董事会或股东会、股

东大会决议。公司为股东或实际控制人提供担保，必须经股东会或者股东大会决议。

12. A 公司是由甲出资 20 万元、乙出资 50 万元、丙出资 30 万元、丁出资 80 万元共同设立的有限责任公司。丁申请 A 公司为其银行贷款作担保，为此 A 公司召开股东会，甲、乙、丙、丁均出席会议，乙明确表示不同意。根据《中华人民共和国公司法》的规定，下列关于会议决议的表述，正确的是(　　)。

　　A. 该决议必须经甲、乙、丙、丁 4 个股东全部通过，因乙不同意而不能通过

　　B. 该决议必须经甲、乙、丙 3 个股东全部通过，因乙不同意而不能通过

　　C. 该决议必须经全体股东所持表决权的过半数通过，因甲、丙、丁所持表决权占 72.22%，因此通过

　　D. 该决议必须经甲、乙、丙股东所持表决权的过半数通过，因甲、丙所持表决权未超过半数，因此不能通过

【答案】D

【解析】公司为股东或者实际控制人提供担保的，必须经股东会或者股东大会决议，接受担保的股东或者受实际控制人支配的股东，不得参加上述规定事项的表决，该表决由出席会议的其他股东所持表决权的过半数通过。

13. 下列关于有限责任公司股东出资责任的说法，正确的是(　　)。

　　A. 公司成立后发现作为设立公司出资的非货币财产的实际价额显著低于公司章程规定价额的，应当由交付该出资的股东补足其差额，公司设立时的其他股东不承担责任

　　B. 股东不按照规定缴纳出资的，向公司足额缴纳出资后，无须承担其他责任

　　C. 股东以非货币财产出资的，应当评估作价，核实财产，不得高估或者低估作价

　　D. 公司注册资本为公司登记机关登记的全体股东实缴出资额

【答案】C

【解析】选项 A 公司设立时的其他股东承担连带责任；选项 B，除应当向公司足额缴纳出资外，还应当向已按期足额缴纳出资的股东承担违约责任；选项 D，有限责任公司注册资本为全体股东认缴（非实缴）的出资额。

14. 股份有限公司监事会应当包括适当比例的公司职工代表，其中职工代表的比例不得低于(   )，具体比例由公司章程规定。

    A. 1/2   B. 1/4   C. 1/3   D. 1/5

【答案】C

【解析】监事会中职工代表的比例不得低于 1/3。

15. 下列关于有限责任公司的董事和监事任期的说法，错误的是(   )。

    A. 董事任期届满，连选可以连任
    B. 监事任期由公司章程规定，但每届任期不得超过 5 年
    C. 董事任期由公司章程规定，但每届任期不得超过 3 年
    D. 监事任期届满，连选可以连任

【答案】B

【解析】监事的任期每届 3 年，任期届满连选可以连任。

16. 人民法院依照法律规定的强制执行程序转让股东的股权时，应当通知公司及全体股东，其他股东在同等条件下有优先购买权。其他股东自人民法院通知之日起满(   )日不行使优先购买权的，视为放弃优先购买权。

    A. 10   B. 15   C. 20   D. 30

【答案】C

【解析】其他股东自人民法院通知之日起 20 日不行使优先购买权的，视为放弃优先购买权。

17. 股份有限公司发起人中须有(   )的发起人在中国境内有住所。

    A. 1/3 以上   B. 2/3 以上   C. 1/5 以上   D. 1/2 以上

【答案】D

【解析】设立股份有限公司应当有 2 人以上 200 人以下的发起人，其中须有半数以上的发起人在中国境内有住所。

18. 设立股份有限公司，应当具备的条件不包括( )。

　　A. 发起人符合法定人数

　　B. 有符合公司章程规定的全体发起人认购的股本总额或者募集的实收股本总额

　　C. 董事会成员制定公司章程，采用募集方式设立的经创立大会通过

　　D. 有公司住所

【答案】C

【解析】发起人制定公司章程，采用募集方式设立的经创立大会通过。

19. 除法律、行政法规另有规定以外，以募集方式设立股份有限公司，发起人认购的股份不得少于公司股份总数的( )。

　　A. 70%　　　　B. 65%　　　　C. 35%　　　　D. 50%

【答案】C

【解析】以募集方式设立股份有限公司的，发起人认购的股份不得少于公司股份总数的35%。

20. 股份有限公司设立时，发起人认足公司章程规定的出资后，应当选举董事会和监事会。董事会应于创立大会结束( )内，向公司登记机关报送文件，申请设立登记。

　　A. 30日　　　　B. 20日　　　　C. 15日　　　　D. 10日

【答案】A

【解析】董事会应于创立大会结束30日内，向公司登记机关报送文件，申请设立登记。

21. 股份有限公司监事会应当包括适当比例的公司职工代表，其中职工代表的比例不得低于( )，具体比例由公司章程规定。

　　A. 1/2　　　　B. 1/4　　　　C. 1/3　　　　D. 1/5

【答案】C

【解析】监事会中职工代表的比例不得低于1/3，具体比例由公司章程规定。

22. 下列关于股份有限公司发行股票的说法，不正确的是( )。

A. 公司向发起人、法人发行的股票，应当记载该发起人或委托代理人的姓名或者名称

B. 公司向发起人、法人发行的股票，应当为记名股票

C. 股票应由发行公司的法定代表人签名，公司盖章

D. 公司发行的股票，可以为记名股票，也可以为不记名股票

【答案】A

【解析】公司向发起人、法人发行的股票，应当记载该发起人、法人的姓名或者名称，不得另立户名或者以代表人记名。

23. 下列关于股份有限公司股份转让的规定，正确的是(   )。

A. 股东转让其股份，必须在依法设立的证券交易场所内进行

B. 发起人持有的本公司股份，自公司成立之日起 3 年内不得转让

C. 无记名股票由股东以背书方式或者法律、行政法规规定的其他方式转让

D. 国家授权投资的机构持有的股份，未经国家授权的主管部门批准，不得转让

【答案】D

【解析】选项 A 股东转让其股份，应当在依法设立的证券交易场所进行或者按照国务院规定的其他方式进行；选项 B 发起人持有的本公司股份，自公司成立之日起 1 年内不得转让；选项 C 无记名股票在依法设立的证券交易场所内，由股东以将股票交付给受让人的方式转让。

24. 上市公司在 1 年内购买、出售重大资产或者担保金额超过公司资产总额 30% 的，应当由股东大会决议，并经(   )。

A. 全体股东所持有表决权的 2/3 通过

B. 全体股东所持有表决权的 1/2 通过

C. 出席会议的股东所持有表决权的 2/3 通过

D. 出席会议的股东所持有表决权的 1/2 通过

【答案】C

【解析】题干所述情形应当由股东大会决议，并经出席会议的股东所持表决权的 2/3 通过。

25. 下列关于公司税后利润分配的顺序正确的是( )。
    A. 弥补公司以前年度亏损、向股东分配股利、提取法定公积金、提取任意公积金
    B. 提取法定公积金、提取任意公积金、弥补公司以前年度亏损、向股东分配股利
    C. 提取法定公积金、弥补公司以前年度亏损、提取任意公积金、向股东分配股利
    D. 弥补公司以前年度亏损、提取法定公积金、提取任意公积金、向股东分配股利
【答案】D
【解析】公司税后利润分配的正确顺序：弥补公司以前年度亏损、提取法定公积金、提取任意公积金、向股东分配股利。

26. 股份有限公司的控股股东，可以是持有股份的比例虽然不足50%，但所享有的表决权已足以对( )的决议产生重大影响的股东。
    A. 监事会　　　B. 职工代表大会　　　C. 董事会　　　D. 股东大会
【答案】D
【解析】控股股东是指出资额占有限责任公司资本总额50%以上，或者持有的股份占股份有限公司股本总额50%以上的股东；或者如题干所述能够对股东会、股东大会的决议产生重大影响的股东。

27. 下列属于公司高级管理人员的是( )。
    A. 副董事长　　　B. 公司监事　　　C. 财务负责人　　　D. 公司董事
【答案】C
【解析】公司高级管理人员是指公司的经理、副经理、财务负责人，上市公司董事会秘书和公司章程规定的其他人员。

28. 公司在依法向有关主管部门提供的财务会计报告等材料上作虚假记载或者隐瞒重要事实的，由有关主管部门对直接负责的主管人员和其他直接责任人员处以( )的罚款。
    A. 5万元以上50万元以下　　　B. 10万元以上20万元以下
    C. 1万元以上10万元以下　　　D. 3万元以上30万元以下

【答案】D

【解析】公司在财务会计报告等资料上作虚假记载或者隐瞒事实的，对直接负责的主管人员或其他直接责任人处以 3 万元以上 30 万元以下的罚款。

29. 根据《中华人民共和国合伙企业法》有关规定，以下说法错误的是(　　)。
    A. 合伙企业只能由自然人依法设立
    B. 合伙企业包括普通合伙企业和有限合伙企业
    C. 合伙协议依法由全体合伙人协商一致，以书面形式订立
    D. 普通合伙人对合伙企业债务承担无限连带责任，有限合伙人以其认缴的出资额为限对合伙企业债务承担责

【答案】A

【解析】法人和其他组织也可以依法设立合伙企业。

30. 李某准备投资设立一家普通合伙企业，根据合伙企业法律制度的规定，下列主体中，可与其共同设立该企业的是(　　)。
    A. 国有独资公司甲　　　　B. 国有企业乙
    C. 上市公司丙　　　　　　D. 自然人丁

【答案】D

【解析】《合伙企业法》规定，国有独资公司、国有企业、上市公司以及公益性事业单位、社会团体不得成为普通合伙人。

31. 有关普通合伙企业的出资，以下表述错误的是(　　)。
    A. 合伙人以实物出资，需要办理财产权转移手续的，应当依法办理
    B. 合伙人以实物出资，必须委托法定评估机构评估
    C. 合伙人以劳务出资的，应在合伙企业中载明
    D. 合伙人以劳务出资的，评估方法由全体合伙人协商确定

【答案】B

【解析】合伙人以实物、知识产权、土地使用权或者其他财产权利出资，需要评估作价的，可以由全体合伙人协商确定，也可以由全体合伙人委托法定评估机构评估。

32. 实践中，退伙的情形不包括( )。
   A. 法定退伙   B. 除名退伙   C. 事实退伙   D. 自愿退伙
   【答案】C
   【解析】实践中，退伙包括自愿退伙、法定退伙和除名退伙三种情形。

33. 根据《中华人民共和国合伙企业法》规定，下列不符合合伙人当然退伙情形的是( )。
   A. 个人丧失偿债能力
   B. 合伙人在合伙企业中的全部财产份额被人民法院强制执行
   C. 作为合伙人的自然人死亡或者被依法宣告死亡
   D. 执行合伙事务时有不正当行为
   【答案】D
   【解析】执行合伙事务时有不当行为属于除名退伙的情形。

34. 根据《中华人民共和国合伙企业法》规定，吴某、杜某、任某、于某是某特殊普通合伙企业合伙人，下列说法正确的是( )。
   A. 任某在执业活动中因重大过失造成的合伙企业债务，全体合伙人承担无限连带责任
   B. 杜某在执业活动中非因故意或者重大过失造成的合伙企业债务，由全体合伙人承担无限连带责任
   C. 吴某在执业活动中因故意造成合伙企业债务，吴某应承担有限连带责任
   D. 于某造成的重大过失由合伙企业承担责任后，不须对合伙企业的损失承担赔偿责任
   【答案】B
   【解析】一个合伙人或者数个合伙人在执业活动中因故意或者重大过失，造成合伙企业债务的，应当承担无限责任或者无限连带责任，其他合伙人以其在合伙企业中的财产份额为限承担责任，故选项A、选项C、选项D错误。合伙人在执业活动中非因故意或者重大过失造成的合伙企业债务以及合伙企业的其他债务，由全体合伙人承担无限连带责任。

35. 甲企业是一家有限合伙企业，下列有关甲企业的做法，不符合规定

的是( )。

 A. 甲企业由 40 名合伙人设立

 B. 甲企业有 5 名普通合伙人

 C. 甲企业的有限合伙人以劳务出资

 D. 甲企业的名称中应当标明"有限合伙"字样

【答案】 C

【解析】 有限合伙人不得以劳务出资。

36. 根据《中华人民共和国合伙企业法》规定，以下不符合有限合伙人当然退伙情形的是( )。

 A. 作为有限合伙人的法人或者其他组织依法被吊销营业执照、责令关闭、撤销，或者被宣告破产

 B. 有限合伙人在合伙企业中的全部财产份额被人民法院强制执行

 C. 作为有限合伙人的自然人死亡或者被依法宣告死亡

 D. 个人丧失偿债能力

【答案】 D

【解析】 有限合伙人当然退伙的情形除选项 A、选项 B、选项 C 外还包括法律规定或者合伙协议约定，有限合伙人必须具有相关资格而丧失该资格。

37. 下列有关合伙企业的说法，错误的是( )。

 A. 有限合伙企业仅剩有限合伙人的，应当解散

 B. 普通合伙人转变为有限合伙人的，对其作为普通合伙人期间发生的债务承担无限连带责任

 C. 普通合伙人和有限合伙人的相互转变，应当经合伙人过半数同意

 D. 有限合伙人转变为普通合伙人的，对其作为有限合伙人期间发生的债务承担无限连带责任

【答案】 C

【解析】 除合伙协议另有约定外，普通合伙人和有限合伙人的相互转变，应当经全体合伙人一致同意。

38. 违反《中华人民共和国合伙企业法》规定，合伙企业未在其名称中

标明"普通合伙""特殊普通合伙"或者"有限合伙"字样的,由企业登记机关责令限期改正,处以( )的罚款。

A. 2000 元以上 10000 元以下　　B. 5000 元以上 10000 元以下
C. 3000 元以上 30000 元以下　　D. 1000 元以上 10000 元以下

【答案】A

【解析】题干所述情形,由企业登记机关责令限期改正,处以 2000 元以上 1 万元以下的罚款。

39. 下列不适用《中华人民共和国证券法》的是( )。

A. 公司债券的发行交易
B. 汇票的发行交易
C. 股票的发行交易
D. 证券投资基金份额的上市交易

【答案】B

【解析】按新修订《证券法》的适用范围,包括以下四类:在中国境内股票、公司债券、存托凭证和国务院依法认定的其他证券的发行和交易。政府债券、证券投资基金份额的上市交易。资产支持证券,资产管理,产品发行交易的管理办法,由国务院依照《证券法》的原则规定。在境外的证券发行和交易活动扰乱境内的市场秩序,损害境内投资者合法权益的。

40. 证券发行与交易的"三公原则"是指( )。

A. 公正、公平、公开　　B. 公信、公平、公开
C. 公共、公平、公开　　D. 公正、公信、公平

【答案】A

【解析】《证券法》规定,证券的发行、交易活动,必须遵循公开、公平、公正的原则。

41. 下列关于证券发行的说法,错误的是( )。

A. 未经依法核准,任何单位和个人不得公开发行证券
B. 向不特定对象发行证券属于公开发行
C. 向累计超过 200 人的特定对象发行证券属于公开发行
D. 公开发行证券,不得采用广告、公开劝诱和变相公开方式

【答案】D

【解析】非公开发行证券，不得采用广告、公开劝诱和变相公开方式。

42. 根据《中华人民共和国证券法》规定，下列关于公司首次公开发行新股的条件，说法错误的是(　　)。

　　A. 具备健全且运行良好的组织机构

　　B. 最近 1 年财务会计报告被出具无保留意见审计报告

　　C. 具有持续经营能力

　　D. 发行人及其控股股东、实际控制人最近 3 年不存在贪污、贿赂、侵占财产、挪用财产或者破坏社会主义市场经济秩序的刑事犯罪

【答案】B

【解析】最近 3 年财务会计报告被出具无保留意见审计报告。

43. 公司公开发行新股，应当报送的文件不包括(　　)。

　　A. 公司营业执照

　　B. 股东大会决议

　　C. 招股说明书或者其他公开发行募集文件

　　D. 发起人协议

【答案】D

【解析】公司公开发行新股应当报送募股申请和下列文件：公司营业执照、公司章程、股东大会决议、招股说明书或者其他公开发行募集文件、财务会计报告、代收股款银行的名称及地址。依照本法规定实行承销的，还应当报送承销机构名称及有关的协议。

44. 国务院证券监督管理机构或者国务院授权的部门应当自受理证券发行申请文件之日起(　　)内，依照法定条件和法定程序作出予以注册或者不予注册的决定，发行人根据要求补充、修改发行申请文件的时间不计算在内。

　　A. 30 日　　　　B. 60 日　　　　C. 3 个月　　　　D. 6 个月

【答案】C

【解析】国务院证券监督管理机构或者国务院授权的部门应当自受理证券发行申请文件之日起 3 个月内作出决定，不予核准的应当说明理由。

45. 根据《中华人民共和国证券法》规定，申请公开发行公司债券，不需要向国务院授权的部门或者国务院证券监督管理机构报送(　　)。

　　A. 公司营业执照　　　　　　　　B. 公司章程

　　C. 财务会计报告　　　　　　　　D. 公司债券募集办法

【答案】C

【解析】应当向国务院授权的部门或者国务院证券监督管理机构报送下列文件：①公司营业执照；②公司章程；③公司债券募集办法；④国务院授权的部门或者国务院证券监督管理机构规定的其他文件。

46. 证券公司代发行人发售证券，在承销期结束时将未售出的证券全部退还发行人，这种承销方式为(　　)。

　　A. 代销方式　　B. 助销方式　　　C. 包销方式　　　D. 直销方式

【答案】A

【解析】题干是证券代销方式的概念。

47. 对于采取代销方式销售的公司债券，其销售期最大不超过(　　)。

　　A. 180 日　　　B. 90 日　　　　C. 360 日　　　　D. 60 日

【答案】B

【解析】证券在发行过程中的代销、包销最长期限不得超过 90 日。

48. 申请证券上市交易，应经(　　)审核同意，双方签订上市协议。

　　A. 中国证监会　　　　　　　　　B. 中国证券登记结算有限公司

　　C. 证券交易所　　　　　　　　　D. 中国证券业协会

【答案】C

【解析】申请证券上市交易，应当向证券交易所提出申请，由证券交易所依法审核同意，并由双方签订上市协议。

49. 需要报送临时报告的重大信息不包括(　　)。

　　A. 公司订立重要合同、提供重大担保或者从事关联交易，可能对公司的资产、负债、权益和经营成果产生重要影响

　　B. 公司发生重大债务和未能清偿到期重大债务的违约情况

　　C. 公司的董事、1/3 以上监事或者经理发生变动

D. 持有公司1%以上股份的股东或者实际控制人，其持有股份或者控制公司的情况发生较大变化

【答案】D

【解析】持有公司5%以上股份的股东或者实际控制人持有股份或者控制公司的情况发生较大变化，公司的实际控制人及其控制的其他企业从事与公司相同或者相似业务的情况发生较大变化。

50. 下列属于内幕交易行为的是（　　）。

　　A. 投资者猜测某公司有重大利好而买入证券

　　B. 内幕信息知情人利用掌握的内幕信息，建议他人交易

　　C. 内幕信息知情人在内幕信息公开后从事交易

　　D. 与他人串通、以事先约定的时间、价格和方式相互进行证券交易，影响证券价格或交易量

【答案】B

【解析】证券交易活动中涉及公司的经营、财务，或者对该公司证券的市场价格有重大影响的尚未公开的信息为内幕信息；选项A和选项C不属于内幕交易，选项D属于操纵证券市场行为。

51. 在要约收购中，收购要约约定的收购期限不得少于（　　）日，并不得超过（　　）日。

　　A. 20；60　　　　B. 20；90　　　　C. 30；60　　　　D. 30；90

【答案】C

【解析】收购要约约定的收购期限不得少于30日，并不得超过60日。

52. 投资者持有或者通过协议、其他安排与他人共同持有一个上市公司已发行的有表决权股份达到5%后，其所持该上市公司已发行的有表决权股份比例每增加或者减少（　　），应当依照前款规定进行报告和公告，在该事实发生之日起至公告后三日内，不得再行买卖该上市公司的股票，但国务院证券监督管理机构规定的情形除外。

　　A. 2%　　　　B. 5%　　　　C. 3%　　　　D. 1%

【答案】B

【解析】投资者持有上市公司有表决权股份达到5%后，其所持该上市

公司已发行的有表决权股份比例每增加或者减少5%，应当依照前款规定进行报告和公告，在该事实发生之日起至公告后三日内，不得再行买卖该上市公司的股票，但国务院证券监督管理机构规定的情形除外。

53. 下列关于上市公司收购的说法中，错误的是( )。

A. 收购行为完成后，被收购公司不再具备股份有限公司条件的，应当依法变更企业形式

B. 收购人持有的被收购的上市公司的股票，在收购行为完成后的18个月内不得转让

C. 收购行为完成后，收购人应当在5日内将收购情况报告国务院证券监督管理机构和证券交易所，并予公告

D. 收购行为完成后，收购人与被收购公司合并，并将该公司解散的，被解散公司的原有股票由收购人依法更换

【答案】C

【解析】收购行为完成后，收购人应当在15日内将收购情况报告国务院证券监督管理机构和证券交易所，并予公告。

54. 根据财产状况，金融资产状况，投资知识和经验，专业能力等因素，投资者可以分为( )。

A. 个人投资者和机构投资者　　B. 普通投资者和专业投资者
C. 个人投资者和专业投资者　　D. 直接投资者和间接投资者

【答案】B

【解析】按题干要求投资者可以分为普通投资者和专业投资者。

55. 下列关于债券持有人保护的说法，不正确的是( )。

A. 公开发行公司债券的，应当设立债券持有人会议，并应当在募集说明书中说明债券持有人会议的召集程序、会议规则和其他重要事项

B. 公开发行公司债券的，发行人应当为债券持有人聘请债券受托管理人，并订立债券受托管理协议

C. 债券持有人会议可以决议变更债券受托管理人

D. 债券发行人未能按期兑付债券本息的，债券受托管理人可以以债券持有人的名义提起、参加民事诉讼或者清算程序

【答案】D

【解析】债券发行人未能按期兑付债券本息的,债券受托管理人可以接受全部或者部分债券持有人的委托,以自己名义代表债券持有人提起、参加民事诉讼或者清算程序。

56. 关于证券交易所的一般规定,下列说法不正确的是( )。

　　A. 设立证券交易所必须制定章程,章程的制定和修改必须经国务院证券监督管理机构批准

　　B. 证券交易所可以自行支配的各项费用收入,应当首先用于保证其证券交易场所和设施的正常运行并逐步改善

　　C. 证券交易所的财产积累归会员所有,在其存续期间,每一会计年度期末进行分配

　　D. 证券交易所必须在其名称中标明证券交易所字样,其他任何单位或者个人,不得使用证券交易所或者近似的名称

【答案】C

【解析】实行会员制的证券交易所的财产积累归会员所有,其权益由会员共同享有,在其存续期间不得将其财产积累分配给会员。

57. 实行会员制的证券交易所设理事会、监事会。证券交易所设总经理一人,由( )任免。

　　A. 会员大会　　　　　　　　B. 国务院证券监督管理机构
　　C. 理事会　　　　　　　　　D. 国务院

【答案】B

【解析】证券交易所设总经理一人,由国务院证券监督管理机构任免。

58. 下列有关证券交易所的交易规则的说法,正确的是( )。

　　A. 证券交易所参与集中交易的,必须是证券交易所的会员

　　B. 证券服务机构可以公布证券交易即时行情

　　C. 投资者可以口头或者书面与证券公司签订证券交易委托协议,委托该证券公司代其买卖证券

　　D. 因突发事件而影响证券交易的正常进行时,证券交易所不可以临时停市

【答案】A

【解析】选项B应为证券交易所实时公布证券交易即时行情,并按交易日制作证券市场行情表,予以公布;选项C应为投资者应当以书面、电话、自助终端、网络等方式,委托该证券公司代其买卖证券;选项D因不可抗力、意外事件、重大技术故障、重大人为差错等突发性事件而影响证券交易正常进行时,证券交易所可以按照业务规则采取技术性停牌、临时停市等处置措施。

59. 下列选项中,不属于证券登记结算机构职能的是(　　)。

　　A. 证券的存管和过户

　　B. 公布证券交易即时行情

　　C. 证券持有人名册登记

　　D. 证券账户、结算账户的设立

【答案】B

【解析】公布证券交易即时行情属于证券交易所的职能。

60. 证券登记结算机构应当妥善保管登记、存管和结算的原始凭证及有关文件和资料。其保存期限不得少于(　　)。

　　A. 5年　　　　B. 10年　　　　C. 15年　　　　D. 20年

【答案】D

【解析】证券登记结算机构应当妥善保管登记、存管和结算的原始凭证及有关文件和资料不少于20年。

61. 下列关于证券结算风险基金的说法,不正确的是(　　)。

　　A. 证券结算风险基金用于垫付或者弥补证券登记结算机构的损失

　　B. 证券结算风险基金从证券登记结算机构的业务收入和收益中提取,并可以由结算参与人按照证券交易业务量的一定比例缴纳

　　C. 证券结算风险基金应当存入指定银行的专门账户,实行专项管理

　　D. 证券登记结算机构以证券结算风险基金赔偿后,不再向有关责任人追偿

【答案】D

【解析】证券登记结算机构以证券结算风险基金赔偿后,应当向有关责

任人追偿。

62. 单位违反《中华人民共和国证券法》规定，操纵证券市场的，应当对直接负责的主管人员和其他直接责任人员给予警告，并处以（　　）的罚款。

　　A. 100 万元以上 500 万元以下　　B. 10 万元以上 200 万元以下
　　C. 50 万元以上 500 万元以下　　D. 10 万元以上 100 万元以下

【答案】C

【解析】单位操纵证券市场的，对直接负责的主管人员和其他直接责任人员给予警告，并处以 50 万元以上 500 万元以下的罚款。

63. 证券公司的从业人员违反《证券法》的规定，私下接受客户委托买卖证券的，责令改正，给予警告，没收违法所得，并处以违法所得一倍以上十倍以下的罚款；没有违法所得的，处以（　　）以下的罚款。

　　A. 十万元　　B. 二十万元　　C. 三十万元　　D. 五十万元

【答案】D

【解析】证券公司的从业人员私下接受客户委托买卖证券的，责令改正，给予警告，没收违法所得，并处以违法所得一倍以上十倍以下的罚款；没有违法所得的，处以五十万元以下的罚款。

64. 证券投资基金运作中的三个主要当事人是指基金的（　　）。

　　A. 管理人、托管人和持有人　　B. 发起人、管理人和托管人
　　C. 托管人、发起人和持有人　　D. 受益人、管理人和持有人

【答案】A

【解析】基金份额持有人，基金管理人与基金托管人是基金合同的当事人。

65. （　　）是根据法律法规的要求，在证券投资基金运作中承担资产保管、交易监督、信息披露、资金清算与会计核算等相应职责的当事人。

　　A. 基金份额持有人　　B. 基金管理人
　　C. 基金投资者　　D. 基金托管人

【答案】D

【解析】基金托管人又称为基金保管人，是在证券投资基金运作中承担资产保管、交易监督、信息披露、资金清算与会计核算等相应职责的当事人。

66. 下列不属于基金份额持有人权利的是(　　)。
    A. 按照规定要求召开基金份额持有人大会
    B. 分享基金投资收益
    C. 查阅基金财产管理业务活动的公开披露资料
    D. 确定基金收益分配方案
【答案】D
【解析】按照基金合同的约定确定基金收益分配方案属于基金管理人的职责。

67. 基金管理人的职责不包括(　　)。
    A. 运行和管理基金资产　　　　B. 保管基金资产
    C. 代表基金行使股东权利　　　D. 获取基金管理人报酬
【答案】B
【解析】保管基金财产是基金托管人的职责。

68. 下列关于公开募集基金的基金管理人禁止行为的说法，错误的是(　　)。
    A. 不得挪用基金财产
    B. 不得向基金份额持有人承诺收益
    C. 不得将其固有财产或者他人财产混同于基金财产从事证券投资
    D. 不得公平地对待其管理的不同基金财产
【答案】D
【解析】基金管理人应当公平对待其管理的不同基金财产。

69. 非公开募集基金应当向合格投资者募集，合格投资者累计不得超过(　　)。
    A. 100人　　　B. 200人　　　C. 50人　　　D. 300人
【答案】B

【解析】非公开募集基金合格投资者累计不得超过200人。

70. 非公开募集基金财产的证券投资，包括买卖公开发行的股份有限公司股票、债券、基金份额，以及(　　)规定的其他证券及其衍生品种。

　　A. 财政部　　　　　　　　B. 中国证监会
　　C. 中国人民银行　　　　　D. 中国证券业协会
【答案】B
【解析】中国证监会规定非公开募集基金财产证券投资的其他证券及其衍生品种。

71. 以下关于封闭式基金与开放式基金区别的描述，不正确的是(　　)。

　　A. 开放式基金的全部资金都用于证券投资，封闭式基金则保有一部分现金
　　B. 开放式基金的份额是可变的，而封闭式基金的份额是不变的
　　C. 投资者可以随时向开放式基金申购或赎回基金份额，而投资封闭式基金只能按市价买卖
　　D. 开放式基金的买卖价格是以基金单位的资产净值为基础计算的，而封闭式基金若上市交易，则其买卖价格受市场供求的影响较大
【答案】A
【解析】封闭式基金在基金存续期间内，没有赎回压力可以全部资金都用于证券投资，开放式基金随时面临申购和赎回，需要保有一部分现金。

72. 封闭式基金的(　　)在基金合同期限内固定不变。

　　A. 基金资产的总值　　　　B. 基金份额净值
　　C. 基金净资产　　　　　　D. 基金份额总额
【答案】D
【解析】封闭式基金是指基金份额总额在基金合同期限内固定不变，基金份额持有人不得申请赎回的基金。

73. 下列投资者可以视为非公开募集基金的合格投资者的是(　　)。

　　A. 金融资产200万元的个人

B. 总资产不低于 1000 万元的机构
C. 依法设立并在基金业协会备案的私募基金产品
D. 最近 3 年人均收入超过 30 万元的个人

【答案】C

【解析】视为非公开募集基金合格投资者的条件：净资产不低于 1000 万元的单位（选项 B 错误）；金融资产不低于 300 万元，或者最近三年人均收入不低于 50 万元的个人（选项 A、选项 D 错误）；选项 C 符合视为合格投资者的条件。

74. 负责非公开募集基金备案的机构是（　　）。
    A. 基金行业协会　　　　　　B. 证券交易所
    C. 国务院证券监督管理机构　　D. 基金份额登记机构

【答案】A

【解析】基金业协会应当在非公开募集基金备案材料齐备后的 20 个工作日内，通过网站公告私募基金名单及其基本情况的方式，为私募基金办结备案手续。

75. 未经批准擅自设立基金管理公司或者未经核准从事公开募集基金管理业务的，由证券监督管理机构予以取缔或者责令改正，没收违法所得，并处罚款；没有违法所得或者违法所得不足 100 万元的，并处（　　）罚款。
    A. 30 万元以上 60 万元以下　　B. 10 万元以上 100 万元以下
    C. 违法所得 1 倍以上 5 倍以下　D. 违法所得 1 倍以上 10 倍以下

【答案】B

【解析】题干所述情形，由证券监督管理机构予以取缔或者责令改正，没收违法所得，并处违法所得 1 倍以上 5 倍以下罚款；没有违法所得或者违法所得不足 100 万元的，并处 10 万元以上 100 万元以下罚款。对直接负责的主管人员和其他直接责任人员给予警告，并处以 3 万元以上 30 万元以下罚款。

76. 基金操纵证券市场的，责令依法处理其非法持有的证券，没收违法所得；没有违法所得或者违法所得不足 100 万元的，处以（　　）罚款。
    A. 10 万元以上 100 万元以下　　B. 30 万元以上 60 万元以下

C. 50 万元以上 500 万元以下　　　　D. 100 万元以上 1000 万元以下

【答案】D

【解析】《证券法》第一百九十二条，操纵证券市场的，责令依法处理其非法持有的证券，没收违法所得，并处以违法所得一倍以上十倍以下的罚款；没有违法所得或者违法所得不足一百万元的，处以一百万元以上一千万元以下的罚款。

77. (　　) 是指采用公开的集中交易方式或者国务院期货监督管理机构批准的其他方式进行的以期货合约或者期权合约为交易标的的交易活动。

　　A. 期货合约　　B. 期权合约　　C. 期货交易　　D. 期权交易

【答案】C

【解析】题干是期货交易的概念。

78. (　　) 是指交割仓库开具并经期货交易所认定的标准化提货凭证。

　　A. 标准仓单　　B. 持仓量　　C. 平仓　　D. 涨跌停板

【答案】A

【解析】标准仓单是指交割仓库开具并经期货交易所认定的标准化提货凭证。

79. 中国金融期货交易所于(　　)在上海挂牌成立。

　　A. 2006 年 9 月 8 日　　　　　　B. 2006 年 10 月 30 日

　　C. 2006 年 5 月 18 日　　　　　　D. 2007 年 3 月 16 日

【答案】A

【解析】中国金融期货交易所于 2006 年 9 月 8 日在上海正式挂牌成立，交易品种有股指期货，国债期货等。

80. 未经(　　)许可，任何单位和个人不得发布期货交易即时行情。

　　A. 期货交易所　　　　　　　　B. 中国人民银行

　　C. 中国期货业协会　　　　　　D. 中国证监会

【答案】A

【解析】未经期货交易所许可，任何单位和个人不得发布期货交易即时行情。

81. 期货公司（　　）期货自营业务。

A. 在获得许可的情况下可从事

B. 可以从事

C. 可绕道从事

D. 不得从事或者变相从事

【答案】D

【解析】期货公司不得从事或者变相从事期货自营业务。

82. 下列关于监管机构注销期货业务许可证的说法，错误的是（　　）。

A. 期货公司主动提出注销申请的，应当依法办理期货业务许可证注销手续

B. 成立后无正当理由超过 2 个月未开始营业，应当依法办理期货业务许可证注销手续

C. 期货公司分支机构在注销经营许可证前，应当终止经营活动，妥善处理客户资产

D. 营业执照被公司登记机关依法注销的，应当依法办理期货业务许可证注销手续

【答案】B

【解析】成立后无正当理由超过 3 个月未开始营业，或者开业后无正当理由停业连续 3 个月以上，应当依法办理期货业务许可证注销手续。

83. 期货交易的交割，由（　　）统一组织进行

A. 期货业协会　　　　　　　　B. 投资者

C. 期货交易所　　　　　　　　D. 期货监督管理机构

【答案】C

【解析】期货交易的交割，由期货交易所统一组织进行。

84. 期货交易所、期货公司及其他期货经营机构，应当向（　　）报送财务会计报告、业务资料和其他有关资料。

A. 期货业协会　　　　　　　　B. 国务院证券监督管理机构

C. 当地政府　　　　　　　　　D. 国务院期货监督管理机构

【答案】D

【解析】期货交易所、期货公司及其他期货经营机构，应当向国务院期货监督管理机构报送财务会计报告、业务资料和其他有关资料。

85. 证券公司应当按照(　　)的原则，建立健全风险管理与内部控制制度，防范和控制风险。
   A. 自主经营　　B. 审慎经营　　C. 诚信经营　　D. 独立经营
   【答案】B
   【解析】证券公司应当按照审慎经营的原则，建立健全风险管理与内部控制制度，防范和控制风险。

86. 证券公司股东的非货币财产出资总额不得超过证券公司注册资本的(　　)。
   A. 30%　　B. 25%　　C. 35%　　D. 20%
   【答案】A
   【解析】证券公司股东的非货币财产出资总额，不得超过证券公司注册资本的30%。

87. 下列人员中，可以成为持有证券公司5%以上股权的股东的是(　　)。
   A. 甲因抢劫罪被判处3年有期徒刑，现已刑罚执行完毕5年
   B. 乙公司净资产占实收资本的35%
   C. 丙因做生意亏本，欠别人5万元已经到期，至今不能清偿
   D. 丁公司负债达到净资产的75%
   【答案】A
   【解析】不得成为持有证券公司5%以上股权的股东、实际控制人的情形：①因故意犯罪被判处刑罚，刑罚执行完毕未逾三年；②净资产低于实收资本的50%，或者或有负债达到净资产的50%；③不能清偿到期债务；④国务院证券监督管理机构认定的其他情形。

88. 在证券公司董事、监事、高级管理人员任职资格方面，下列做法符合《证券公司监督管理条例》规定的是(　　)。
   A. 李某在甲证券公司担任监事前取得了公司注册地所属证监会派出机

构核准的任职资格

B. 丙证券公司因其分支机构负责人张某不再具备任职资格，应向证监会派出机构申请核准解除

C. 丁证券公司选聘赵某为财务部负责人，证监会派出机构要求赵某必须取得任职资格

D. 乙证券公司选聘杨某为董事会秘书，杨某无须取得证监会派出机构核准的任职资格

【答案】A

【解析】选项B应为证券公司董事、监事、高级管理人员或者境内分支机构负责人不再具备任职资格条件的，证券公司应当解除其职务，并向国务院证券监督管理机构报告；证券公司未解除其职务的，国务院证券监督管理机构应当责令其解除；选项C、选项D应为证券公司的董事、监事、高级管理人员应当在任职前取得经国务院证券监督管理机构核准的任职资格，高级管理人员包括经理、副经理、财务负责人、上市公司董事会秘书和公司章程规定的其他人员。

89. 证券公司经营与证券交易、证券投资活动有关的财务顾问的，注册资本最低限额为人民币（　　）。

A. 5000 万元　　B. 1 亿元　　　　C. 2 亿元　　　　D. 5 亿元

【答案】A

【解析】证券公司经营证券经纪、证券投资咨询与证券交易、证券投资活动有关的财务顾问业务的，注册资本最低限额为人民币5000万元。

90. 证券公司为证券资产管理客户开立的证券账户，应当自开户之日起（　　）个交易日内报证券交易所备案。

A. 3　　　　　B. 5　　　　　　C. 7　　　　　　D. 10

【答案】A

【解析】证券公司为证券资产管理客户开立的证券账户，应当自开户之日起3个交易日内报证券交易所备案。

91. 根据《中华人民共和国证券法》规定，证券公司客户的交易结算资金应当存放在指定的商业银行，（　　）管理。

A. 在证券公司主账户下设子账户

B. 采取银证转账方式

C. 按资金率大小分类设置账户

D. 以每个客户的名义单独立户

【答案】D

【解析】证券公司客户交易结算资金应当存放在商业银行,以每个客户的名义单独立户管理。

92. 根据客户资产保护相关规定,下列说法正确的是( )。

A. 指定商业银行应当保证客户能够随时查询客户的交易结算资金的余额及变动情况

B. 客户的交易结算资金的存取,可通过任意商业银行办理

C. 客户的交易结算资金存管合同应由证券公司及客户双方签订

D. 客户的交易结算资金存管合同应由商业银行及客户双方签订

【答案】A

【解析】选项B客户交易结算资金的存取,应当通过指定商业银行办理;选项C、选项D指定商业银行应当与证券公司及其客户签订客户的交易结算资金存管合同。

93. 信息报送制度要求,证券公司应当自每月结束之日起( )个工作日内,向中国证监会报送月度报告。

A. 3　　　　　　B. 5　　　　　　C. 7　　　　　　D. 10

【答案】C

【解析】证券公司应当自每月结束之日起7个工作日内,向中国证监会报送月度报告。

94. 证券公司从事证券自营业务投资范围或者投资比例违反《证券公司监督管理条例》的规定,对直接负责的主管人员和其他直接责任人员,应处以( )的罚款。

A. 3万元以上5万元以下　　　　B. 3万元以上10万元以下

C. 10万元以上　　　　　　　　D. 1万元以上3万元以下

【答案】B

【解析】证券公司从事证券自营业务，违反《证券公司监督管理条例》规定符合相关情形的，责令改正、给予警告、没收违法所得，并处以违法所得一倍以上三倍以下的罚款；没有违法所得或者违法所得不足10万元的，处以10万元以上30万元以下的罚款。对直接负责的主管人员和其他直接责任人员处以3万元以上10万元以下的罚款。

二、组合型单项选择题

1. 证券市场法律法规体系的主要层级包括(　　)。
Ⅰ.法律　　Ⅱ.行政法规　　Ⅲ.部门规章　　Ⅳ.自律管理规则
A. Ⅰ、Ⅱ、Ⅲ
B. Ⅰ、Ⅲ、Ⅳ
C. Ⅱ、Ⅲ、Ⅳ
D. Ⅰ、Ⅱ、Ⅲ、Ⅳ

【答案】D

【解析】我国证券市场法律法规体系的主要层级包括法律、行政法规、部门规章、规范性文件、行业自律规则。

2. 下列有关子公司和分公司的说法，正确的是(　　)。
Ⅰ. 分公司的重大决策需要总公司决定；子公司的重大决策可由自己决定
Ⅱ. 分公司不具有法人资格，不能独立享有权利、承担责任，其一切行为的后果及责任由公司承担；子公司具有独立的法人资格，能独立承担公司行为所带来的后果和责任
Ⅲ. 分公司没有独立的公司名称及章程，其对外从事经营活动必须以总公司的名义，遵守总公司的章程；子公司拥有独立的公司名称和公司章程
Ⅳ. 分公司在人事、经营上没有自主权，其主要业务活动及主要管理人员由总公司决定并委任，并根据总公司的委托或授权进行业务活动；子公司能够以自己的名义开展经营活动，从事各类民事活动
A. Ⅰ、Ⅱ、Ⅳ
B. Ⅱ、Ⅲ、Ⅳ
C. Ⅰ、Ⅱ、Ⅲ、Ⅳ
D. Ⅰ、Ⅲ、Ⅳ

【答案】B

【解析】子公司的重大决策仍需母公司决定。

3. 有限责任公司章程需要载明的事项有(　　)。

Ⅰ. 公司法定代表人

Ⅱ. 公司的机构及其产生办法、职权、议事规则

Ⅲ. 股东的出资方式、出资额和出资时间

Ⅳ. 股东的出资证明书编号

A. Ⅰ、Ⅱ　　　B. Ⅰ、Ⅲ　　　C. Ⅰ、Ⅱ、Ⅲ　　　D. Ⅱ、Ⅲ、Ⅳ

【答案】C

【解析】有限责任公司章程应当载明下列事项：公司名称和住所，公司经营范围，公司注册资本，股东的姓名或者名称，股东的出资方式、出资额和出资时间，公司的机构及其产生办法、职权、议事规则，公司法定代表人，股东会会议认为需要规定的其他事项。

4. 股份有限公司章程应当载明的事项有(　　)。

Ⅰ. 公司设立方式

Ⅱ. 监事会的组成、职权和议事规则

Ⅲ. 公司利润分配办法

Ⅳ. 公司的通知和公告办法

A. Ⅰ、Ⅱ、Ⅲ　　　　　　　　B. Ⅰ、Ⅲ、Ⅳ
C. Ⅰ、Ⅱ、Ⅳ　　　　　　　　D. Ⅰ、Ⅱ、Ⅲ、Ⅳ

【答案】D

【解析】选项全部正确。此外还包括公司名称住所，经营范围，股份总数、每股金额和注册资本，发起人的姓名或者名称、认购的股份数、出资方式和时间，董事会的组成、职权和议事规则，法定代表人，公司解散事由与清算办法，股东大会认为需要规定的其他事项。

5. 下列关于有限责任公司股东用于出资的非货币财产的说法中，正确的有(　　)。

Ⅰ. 应当是无形资产　　Ⅱ. 可以用货币估价

Ⅲ. 可以依法转让　　Ⅳ. 不违背相关法律、行政法规规定

A. Ⅰ、Ⅲ　　　　　　　　　　B. Ⅰ、Ⅱ、Ⅳ
C. Ⅱ、Ⅲ、Ⅳ　　　　　　　　D. Ⅰ、Ⅱ、Ⅲ、Ⅳ

【答案】C

【解析】股东可以用货币出资，也可以用实物、知识产权、土地使用权

等可以用货币估价,并可以依法转让的非货币财产作为出资;但是,法律、行政法规规定不得作为出资的财产除外。

6. 根据《中华人民共和国公司法》规定,下列表述错误的有( )。
Ⅰ. 有限责任公司应当由100个以下的股东出资设立
Ⅱ. 有限责任公司设立应有符合公司章程规定的全体股东认缴的出资额
Ⅲ. 有限责任公司章程应由全体股东共同制定,章程无须全体股东签字、盖章
Ⅳ. 有限责任公司章程应载明公司的法定代表人
A. Ⅰ、Ⅱ、Ⅲ   B. Ⅰ、Ⅲ
C. Ⅱ、Ⅳ   D. Ⅲ、Ⅳ
【答案】B
【解析】有限责任公司股东不能超过50个,Ⅰ项错误;有限责任公司章程应由全体股东共同制定,股东应当在公司章程上签名、盖章,Ⅲ项错误。

7. 下列选项中,属于股东会行使的职权有( )。
Ⅰ. 对公司合并、分立、解散、清算或者变更公司形式作出决议
Ⅱ. 审议批准公司的年度财务预算方案、决算方案
Ⅲ. 审议批准监事会或者监事的报告
Ⅳ. 对发行公司债券作出决议
A. Ⅰ、Ⅱ、Ⅲ   B. Ⅰ、Ⅲ、Ⅳ
C. Ⅱ、Ⅲ、Ⅳ   D. Ⅰ、Ⅱ、Ⅲ、Ⅳ
【答案】D
【解析】选项全部正确。

8. 有限责任公司董事会行使的职权包括( )。
Ⅰ. 执行股东会的决议
Ⅱ. 制订公司的年度财务预算方案、决算方案
Ⅲ. 决定公司的经营计划和投资方案
Ⅳ. 修改公司章程
A. Ⅰ、Ⅱ、Ⅲ   B. Ⅰ、Ⅲ、Ⅳ

C. Ⅲ、Ⅳ D. Ⅰ、Ⅱ、Ⅳ

【答案】A

【解析】Ⅳ项修改公司章程是有限责任公司股东会的职权。

9. 股份有限公司设经理，下列属于经理职权的是(   )。
Ⅰ. 主持公司的生产经营管理工作，组织实施董事会决议
Ⅱ. 组织实施公司年度经营计划和投资方案
Ⅲ. 提请聘任或者解聘公司副经理、财务负责人
Ⅳ. 决定公司的经营方针和投资计划

A. Ⅰ、Ⅱ、Ⅲ B. Ⅰ、Ⅲ、Ⅳ
C. Ⅱ、Ⅲ、Ⅳ D. Ⅰ、Ⅱ、Ⅲ、Ⅳ

【答案】A

【解析】Ⅳ项决定公司的经营方针和投资计划属于股东大会的职权。

10. 下列属于有限责任公司监事会职权的有(   )。
Ⅰ. 检查公司财务
Ⅱ. 提议召开临时股东会会议
Ⅲ. 向股东会会议提出提案
Ⅳ. 罢免董事、高级管理人员

A. Ⅰ、Ⅱ、Ⅲ B. Ⅰ、Ⅲ、Ⅳ
C. Ⅱ、Ⅲ、Ⅳ D. Ⅰ、Ⅱ、Ⅳ

【答案】A

【解析】Ⅳ项应为就罢免董事、高级管理人员提出建议。

11. 甲、乙、丙三人出资成立了一家有限责任公司，经营过程中，丙与丁达成协议，拟将其在公司拥有的股份全部转让给丁，经甲和乙协商，均表示同意并愿意购买丙的股份。下列有关说法正确的有(   )。
Ⅰ. 同等条件下，甲和乙都有优先购买权
Ⅱ. 同等条件下，丙可以自行决定优先购买人
Ⅲ. 由甲和乙协商确定各自的购买比例
Ⅳ. 如果甲和乙协商不成，丙可以将股份转让给丁

A. Ⅰ、Ⅱ B. Ⅰ、Ⅲ C. Ⅲ、Ⅳ D. Ⅰ、Ⅲ、Ⅳ

【答案】B

【解析】经股东同意转让的股权，在同等条件下，其他股东有优先购买权，两个以上股东主张行使优先购买权的，协商确定各自的购买比例，协商不成的按照转让时各自的出资比例行使优先权。

12. 下列选项中，对股东会该项决议投反对票的股东能够请求公司按照合理的价格收购其股权的有(　　)。

Ⅰ. 甲有限责任公司连续 5 年盈利，并且符合法律规定的分配利润条件，但却连续 5 年不向股东分配利润

Ⅱ. 乙有限责任公司与 A 有限责任公司合并

Ⅲ. 丙有限责任公司将其一处废弃的办公大楼出售给 B 公司

Ⅳ. 丁有限责任公司章程规定的营业期限已经届满，但股东会议作出决议修改了公司章程，延长营业期限 10 年

A. Ⅰ、Ⅱ、Ⅲ　　　　　　　　B. Ⅰ、Ⅲ、Ⅳ
C. Ⅱ、Ⅲ、Ⅳ　　　　　　　　D. Ⅰ、Ⅱ、Ⅳ

【答案】D

【解析】公司合并、分立、转让主要财产的，股东可以要求公司收购其股份。Ⅲ项废弃的办公大楼不属于公司主要财产。

13. 下列关于股份有限公司监事的表述中，正确的有(　　)。

Ⅰ. 董事不得兼任监事

Ⅱ. 经理不得兼任监事

Ⅲ. 经股东大会批准，除经理之外的其他高级管理人员可以兼任

Ⅳ. 职工不得兼任监事

A. Ⅰ、Ⅱ　　B. Ⅰ、Ⅲ　　C. Ⅱ、Ⅲ　　D. Ⅱ、Ⅳ

【答案】A

【解析】Ⅲ项董事、高级管理人员不得兼任监事，高级管理人员是指公司的经理副经理，财务负责人，上市公司董事会秘书和公司章程规定的其他人员；Ⅳ项监事会应当包括股东代表和适当比例的公司职工代表。

14. 下列关于股份有限公司股票发行的说法中，正确的有(　　)。

Ⅰ. 股票发行价格可以按票面金额，也可以高于或低于票面金额

Ⅱ. 股票采用纸面形式或者国务院证券监督管理机构规定的其他形式

Ⅲ. 发起人的股票，应当标明发起人股票字样

Ⅳ. 公司发行的股票，是记名股票

A. Ⅰ、Ⅱ、Ⅲ B. Ⅱ、Ⅲ

C. Ⅲ、Ⅳ D. Ⅰ、Ⅱ、Ⅳ

【答案】B

【解析】Ⅰ项股票发行价格可以按票面金额，也可以超过票面金额，但不得低于票面金额；Ⅳ项公司发行的股票，可以为记名股票，也可以为无记名股票。

15. 根据《中华人民共和国公司法》规定，下列有关股份有限公司董事在任职期间转让所持有的本公司股份的表述，正确的有(　　)。

Ⅰ. 每年转让的股份不得超过其所持股份总数的5%

Ⅱ. 每年转让的股份不得超过其所持股份总数的25%

Ⅲ. 所持股份自公司上市之日起12个月内不得转让

Ⅳ. 所持股份自公司上市之日起36个月内不得转让

A. Ⅰ、Ⅲ B. Ⅰ、Ⅳ C. Ⅱ、Ⅲ D. Ⅱ、Ⅳ

【答案】C

【解析】公司董事、监事、高级管理人员，在任职期间内，每年转让的股份不得超过其所持有本公司股份总数的25%，所持本公司股份自公司股票上市交易起1年内不得转让。

16. 股份有限公司不得收购本公司股份。但是，有下列(　　)情形的，可以收购。

Ⅰ. 减少公司注册资本

Ⅱ. 与持有本公司股份的其他公司合并

Ⅲ. 将股份奖励给本公司职工

Ⅳ. 股东因对股东大会作出的公司合并决议持异议，要求公司收购其股份

A. Ⅰ、Ⅱ、Ⅲ B. Ⅰ、Ⅲ、Ⅳ

C. Ⅱ、Ⅲ、Ⅳ D. Ⅰ、Ⅱ、Ⅲ、Ⅳ

【答案】D

【解析】选项全部正确。此外还包括将股份用于转换上市公司发行的可转换为股票的公司债券；上市公司为维护公司价值和股东权益所必需。

17. 下列关于公司公开财务状况的说法中，正确的有(　　)。
Ⅰ. 有限责任公司应当自会计年度结束之日起 20 日内将财务会计报告送交各股东
Ⅱ. 股份有限公司应当在召开股东大会年会的 20 日前将财务会计报告置备于本公司
Ⅲ. 股份有限公司应当在召开临时股东大会的 20 日前将财务会计报告置备于本公司
Ⅳ. 公开发行股票的股份有限公司必须按照规定公告其财务会计报告
A. Ⅰ、Ⅱ　　B. Ⅰ、Ⅲ　　C. Ⅲ、Ⅳ　　D. Ⅱ、Ⅳ
【答案】D
【解析】Ⅰ项有限责任公司应当依照公司章程规定的期限，将财务会计报告送交各股东。股份有限公司应当在召开股东大会年会的 20 日前将财务会计报告置备于本公司，Ⅱ项正确Ⅲ项错误。

18. 根据《中华人民共和国公司法》规定，股份有限公司合并可以采取(　　)的形式。
Ⅰ. 完全合并　　Ⅱ. 吸收合并　　Ⅲ. 部分合并　　Ⅳ. 新设合并
A. Ⅱ、Ⅲ　　B. Ⅲ、Ⅳ　　C. Ⅰ、Ⅳ　　D. Ⅱ、Ⅳ
【答案】D
【解析】公司合并可以采取吸收合并和新设合并两种。

19. 以下关于企业合并债务承担的说法，正确的有(　　)。
Ⅰ. 公司应当自作出合并决议之日起 10 日内通知债权人，并于 30 日内在报纸上公告
Ⅱ. 公司应当自作出合并决议之日起 10 日内通知债权人，并于 60 日内在报纸上公告
Ⅲ. 债权人自接到通知书之日起 30 日内，未接到通知书的自公告之日起 60 日内，向清算人申报债权
Ⅳ. 债权人自接到通知书之日起 30 日内，未接到通知书的自公告之日

起 45 日内,向清算人申报债权

A. Ⅰ、Ⅲ　　B. Ⅰ、Ⅳ　　C. Ⅱ、Ⅲ　　D. Ⅱ、Ⅳ

【答案】D

【解析】公司应当自作出合并、分立决议之日起 10 日内通知债权人,并于 60 日内在报纸上公告。债权人自接到通知书之日起 30 日内,未接到通知书的自公告之日起 45 日内向清算人申报债权。

20. 根据合伙人对合伙企业债务承担的责任不同,合伙企业可分为(　　)。

Ⅰ. 个人合伙　　　　Ⅱ. 普通合伙企业
Ⅲ. 有限合伙企业　　Ⅳ. 特殊普通合伙企业

A. Ⅱ、Ⅲ　　　　　　　　B. Ⅰ、Ⅱ、Ⅳ
C. Ⅱ、Ⅲ、Ⅳ　　　　　　D. Ⅰ、Ⅱ、Ⅲ、Ⅳ

【答案】A

【解析】根据合伙人对合伙企业债务承担的责任不同,合伙企业可分为普通合伙企业和有限合伙企业。

21. 依据合伙企业法律制度的规定,以下内容属于普通合伙企业特点的是(　　)。

Ⅰ. 由普通合伙人组成
Ⅱ. 除法律另有规定外,合伙人对合伙企业的债务承担无限连带责任
Ⅲ. 普通合伙人可以是自然人、法人和其他组织
Ⅳ. 对普通合伙人承担责任的形式有特别规定的,从其规定

A. Ⅰ、Ⅱ、Ⅲ　　　　　　B. Ⅰ、Ⅲ、Ⅳ
C. Ⅰ、Ⅱ、Ⅳ　　　　　　D. Ⅰ、Ⅱ、Ⅲ、Ⅳ

【答案】D

【解析】选项全部正确。

22. 以下有关普通合伙企业和有限合伙企业的对比,说法正确的是(　　)。

Ⅰ. 普通合伙企业的所有出资人均须对合伙企业的债务承担无限连带责任;有限合伙企业的所有合伙人对企业债务承担有限责任

Ⅱ. 普通合伙企业的投资人数为 2 人以上；有限合伙企业的投资人数为 2 人以上 50 人以下

Ⅲ. 普通合伙企业的合伙人对执行合伙事务享有同等的权利；有限合伙企业的有限合伙人不得执行合伙企业中的事务

Ⅳ. 利润分配方面，普通合伙企业的出资人不得在合伙企业中约定将全部利润分配给部分合伙人或由部分合伙人承担企业的全部亏损；有限合伙企业根据合伙协议的约定可以将全部利润分配给部分合伙人，但不得约定企业将全部亏损由部分合伙人承担

A. Ⅰ、Ⅱ、Ⅳ B. Ⅰ、Ⅲ、Ⅳ
C. Ⅱ、Ⅲ、Ⅳ D. Ⅰ、Ⅱ、Ⅲ、Ⅳ

【答案】C

【解析】有限合伙企业由普通合伙人和有限合伙人组成，普通合伙人对合伙企业债务承担无限连带责任，有限合伙人以其认缴的出资额为限，对合伙企业债务承担责任。

23. 除合伙企业另有约定外，合伙企业的下列事项应当经全体合伙人一致同意才可通过的有(　　)。

Ⅰ. 改变合伙企业的名称

Ⅱ. 改变合伙企业的经营范围、主要经营场所的地点

Ⅲ. 处分合伙企业的不动产

Ⅳ. 转让或者处分合伙企业的知识产权和其他财产权利

A. Ⅰ、Ⅱ、Ⅲ B. Ⅰ、Ⅲ、Ⅳ
C. Ⅰ、Ⅱ、Ⅳ D. Ⅰ、Ⅱ、Ⅲ、Ⅳ

【答案】D

【解析】选项全部正确。此外还包括以合伙企业名义为他人提供担保，聘任合伙人以外的人担任合伙企业的经营管理人员。

24. 按照合伙企业利润分配和亏损分担的原则，下列顺序正确的是(　　)。

Ⅰ. 合伙人协商决定

Ⅱ. 按照合伙协议的约定办理

Ⅲ. 合伙人平均分配、分担

Ⅳ. 合伙人按照实缴出资比例分担

A. Ⅰ、Ⅱ、Ⅳ、Ⅲ　　　　　　　B. Ⅱ、Ⅲ、Ⅳ、Ⅰ

C. Ⅱ、Ⅰ、Ⅳ、Ⅲ　　　　　　　D. Ⅰ、Ⅱ、Ⅲ、Ⅳ

【答案】C

【解析】合伙企业的利润分配、亏损分担，按照合伙协议的约定办理；合伙协议未约定或者约定不明确的，由合伙人协商决定；协商不成，由合伙人按照实缴出资比例分配分担；无法确定出资比例的，由合伙人平均分配分担。

25. 下列关于有限合伙企业清算人的说法，正确的有(　　)。

Ⅰ. 清算人由全体合伙人担任

Ⅱ. 经全体合伙人过半数同意，在法定期限内指定部分合伙人担任清算人

Ⅲ. 经全体合伙人过半数同意，在法定期限内也可以委托第三人担任清算人

Ⅳ. 特定情形下，合伙人或者其他利害关系人可以申请法院指定清算人

A. Ⅱ、Ⅲ、Ⅳ　　　　　　　　B. Ⅰ、Ⅱ、Ⅳ

C. Ⅰ、Ⅱ、Ⅲ、Ⅳ　　　　　　　D. Ⅰ、Ⅲ

【答案】C

【解析】选项全部正确。

26. 以下关于合伙企业清算的说法，正确的有(　　)。

Ⅰ. 清算人自被确定之日起 10 日内通知债权人，并于 30 日内在报纸上公告

Ⅱ. 清算人自被确定之日起 10 日内通知债权人，并于 60 日内在报纸上公告

Ⅲ. 债权人自接到通知书之日起 30 日内，未接到通知书的自公告之日起 60 日内，向清算人申报债权

Ⅳ. 债权人自接到通知书之日起 30 日内，未接到通知书的自公告之日起 45 日内，向清算人申报债权

A. Ⅰ、Ⅲ　　B. Ⅰ、Ⅳ　　C. Ⅱ、Ⅲ　　D. Ⅱ、Ⅳ

【答案】D

【解析】清算人自被确定之日起 10 日内通知债权人，并于 60 日内在报纸上公告。债权人自接到通知书之日起 30 日内，未接到通知书的自公告之日起 45 日内向清算人申报债权。

27.《中华人民共和国证券法》的立法宗旨为(　　)。
Ⅰ. 规范证券发行和交易行为
Ⅱ. 保护投资者的合法权益
Ⅲ. 维护社会经济秩序和社会公共利益
Ⅳ. 促进社会主义市场经济的发展
A. Ⅰ、Ⅲ
B. Ⅰ、Ⅱ、Ⅳ
C. Ⅰ、Ⅲ、Ⅳ
D. Ⅰ、Ⅱ、Ⅲ、Ⅳ
【答案】D
【解析】选项全部正确。

28. 下列属于 2019 年《证券法》修订制度改革特点的有(　　)。
Ⅰ. 全面推行证券发行注册制度
Ⅱ. 显著提高证券违法违规成本
Ⅲ. 完善投资者保护制度
Ⅳ. 进一步强化信息披露要求
A. Ⅰ、Ⅲ
B. Ⅰ、Ⅱ、Ⅳ
C. Ⅰ、Ⅲ、Ⅳ
D. Ⅰ、Ⅱ、Ⅲ、Ⅳ
【答案】D
【解析】选项全部正确。

29. 按照《证券法》的规定，公开发行债券的条件包括(　　)。
Ⅰ. 具备健全且运行良好的组织机构
Ⅱ. 股份有限公司的净资产不低于人民币三千万元，有限责任公司的净资产不低于人民币六千万元
Ⅲ. 最近三年平均可分配利润足以支付公司债券一年的利息
Ⅳ. 国务院规定的其他条件
A. Ⅰ、Ⅱ、Ⅲ
B. Ⅲ、Ⅳ
C. Ⅰ、Ⅱ、Ⅳ
D. Ⅰ、Ⅲ、Ⅳ

【答案】D
【解析】新修订《证券法》已经删除Ⅱ项所述内容。

30. 下列关于公开发行公司债券筹集资金的用途的说法中，正确的有( )。
Ⅰ. 必须按照公司债券募集办法所列资金用途使用
Ⅱ. 不得用于弥补亏损
Ⅲ. 可以用于非生产性支出
Ⅳ. 改变资金用途，必须经债券持有人会议作出决议
A. Ⅰ、Ⅱ、Ⅲ B. Ⅲ、Ⅳ
C. Ⅰ、Ⅱ、Ⅳ D. Ⅰ、Ⅱ、Ⅲ、Ⅳ
【答案】C
【解析】公开发行公司债券筹集的资金，不得用于弥补亏损和非生产性支出。选项Ⅲ错误。

31. 下列属于不得再次公开发行公司债券的情形有( )。
Ⅰ. 对已公开发行的公司债券或者其他债务有违约的事实，仍处于继续状态
Ⅱ. 对已公开发行的公司债券或者其他债务有延迟支付本息的事实，仍处于继续状态
Ⅲ. 违反《中华人民共和国证券法》规定，改变公开发行公司债券所募资金的用途
Ⅳ. 对已公开发行的公司债券或者其他债务有违约的事实，但不处于继续状态
A. Ⅰ、Ⅱ、Ⅲ B. Ⅰ、Ⅲ
C. Ⅲ、Ⅳ D. Ⅰ、Ⅱ、Ⅲ、Ⅳ
【答案】A
【解析】有下列情形之一，不得再次公开发行公司债券：①对已公开发行的公司债券或者其他债务有违约或者延迟支付本息的事实，仍处于继续状态；②违反本法规定，改变公开发行公司债券所募资金的用途。

32. 证券承销的方式包括( )。

Ⅰ.代销　　Ⅱ.包销　　Ⅲ.助销　　Ⅳ.直销

A.Ⅰ、Ⅱ　　　　B.Ⅰ、Ⅲ　　　　C.Ⅱ、Ⅲ　　　　D.Ⅲ、Ⅳ

【答案】A

【解析】证券承销业务采取代销或者包销方式。

33. 证券包销协议的必备条款包括(　　)。

Ⅰ.包销证券的种类、数量

Ⅱ.包销证券的金额及发行价格

Ⅲ.通知方式

Ⅳ.不可抗力事项

A.Ⅰ、Ⅱ　　　　B.Ⅰ、Ⅲ　　　　C.Ⅱ、Ⅲ　　　　D.Ⅲ、Ⅳ

【答案】A

【解析】证券代销或包销协议应载明的事项：当事人的名称、住所及法定代表人姓名；代销、包销证券的种类、数量及发行价格；代销、包销的期限及起止日期；代销、包销的付款方式及日期；代销、包销的费用和结算办法；违约责任；国务院证券监督管理机构规定的其他事项。

34. 在证券交易行为中，符合相关规定的做法有(　　)。

Ⅰ.依法公开发行的股票、公司债券及其他证券，应当在依法设立的证券交易所上市交易或者在国务院批准的其他全国性证券交易场所转让

Ⅱ.证券交易内幕信息的知情人和非法获取内幕信息的人，在内幕信息公开前，不得买卖该公司的证券、泄露该信息、建议他人买卖该证券

Ⅲ.证券在证券交易所上市交易，应当采用公开的集中交易方式

Ⅳ.非依法发行的证券，可以买卖

A.Ⅰ、Ⅱ、Ⅲ　　　　　　　　　B.Ⅰ、Ⅲ、Ⅳ

C.Ⅱ、Ⅲ、Ⅳ　　　　　　　　　D.Ⅰ、Ⅱ、Ⅳ

【答案】A

【解析】Ⅳ项非依法发行的证券不得买卖。

35. 下列人员中，属于 A 上市公司证券交易内幕信息知情人的有(　　)。

Ⅰ.A 公司的董事甲某

Ⅱ. 持有 A 公司 10% 股份的股东 B 公司的普通员工乙某

Ⅲ. A 公司的实际控制人丙某

Ⅳ. 为 A 公司本次交易涉及的资产进行评估的注册评估师丁某

A. Ⅰ、Ⅱ、Ⅲ B. Ⅰ、Ⅲ、Ⅳ
C. Ⅱ、Ⅲ、Ⅳ D. Ⅰ、Ⅱ、Ⅳ

【答案】B

【解析】按《证券法》持有公司百分之五以上股份的股东及其董事、监事、高级管理人员，公司的实际控制人及其董事、监事、高级管理人员。

36. 下列行为，不属于《中华人民共和国证券法》明确列举的操纵证券市场手段的有（　　）。

Ⅰ. 与他人串通，以事先约定的时间、价格和方式相互进行证券交易，影响证券交易价格或者证券交易量

Ⅱ. 单独或者通过合谋，集中资金优势、持股优势或者利用信息优势联合或者连续买卖

Ⅲ. 利用虚假或者不确定的重大信息，诱导投资者进行证券交易

Ⅳ. 在自己实际控制的账户之间进行证券交易

A. Ⅰ、Ⅱ、Ⅲ B. Ⅰ、Ⅲ、Ⅳ
C. Ⅱ、Ⅲ、Ⅳ D. Ⅰ、Ⅱ、Ⅲ、Ⅳ

【答案】D

【解析】选项全部正确。此外包括不以成交为目的，频繁或者大量申报并撤销申报；对证券、发行人公开作出评价、预测或者投资建议，并进行反向证券交易；利用在其他相关市场的活动操纵证券市场；操纵证券市场的其他手段。

37. 我国《证券法》规定的上市公司收购方式包括（　　）。

Ⅰ. 要约收购　　Ⅱ. 协议收购　　Ⅲ. 竞价收购　　Ⅳ. 其他合法收购方式

A. Ⅰ、Ⅱ、Ⅲ B. Ⅰ、Ⅱ、Ⅳ
C. Ⅱ、Ⅲ、Ⅳ D. Ⅰ、Ⅱ、Ⅲ、Ⅳ

【答案】B

【解析】《证券法》第六十二条规定，投资者可以采取要约收购、协议

收购及其他合法方式收购上市公司。

38. 在收购要约确定的承诺期限内，收购人不得撤销其收购要约。收购人需要变更收购要约的，应当及时公告，载明具体变更事项，且不得存在以下（　　）情形。
　　Ⅰ.降低收购价格　　Ⅱ.减少预定收购股份数额
　　Ⅲ.缩短收购期限　　Ⅳ.国务院证券监督管理机构规定的其他情形
　　A.Ⅰ、Ⅱ、Ⅲ　　　　　　　　　B.Ⅰ、Ⅱ、Ⅳ
　　C.Ⅱ、Ⅲ、Ⅳ　　　　　　　　　D.Ⅰ、Ⅱ、Ⅲ、Ⅳ
【答案】D
【解析】选项全部正确。

39. 根据《中华人民共和国证券法》规定，下列关于上市公司收购的说法中，错误的有（　　）。
　　Ⅰ.采取协议收购方式的，协议双方可以临时委托证券登记结算机构保管协议转让的股票
　　Ⅱ.进行协议收购的，收购人必须事先向国务院证券监督管理机构报送上市公司收购报告书
　　Ⅲ.采取要约收购方式的，收购人在收购期限内可以卖出被收购公司的股票
　　Ⅳ.采取要约收购方式的，收购人在收购期限内不得采取要约规定以外的形式和超出要约的条件买入被收购公司的股票
　　A.Ⅱ、Ⅲ　　B.Ⅰ、Ⅳ　　C.Ⅲ、Ⅳ　　D.Ⅰ、Ⅲ、Ⅳ
【答案】A
【解析】以协议收购上市公司时，达成收购协议后，收购人必须在3日内将该收购协议向国务院证券监督管理机构及证券交易所作出书面报告，并予公告，Ⅱ项错误；采取要约收购方式的，收购人在收购期限内不得卖出被收购公司的股票，Ⅲ项错误。

40. 上市公司、公司债券上市交易的公司、股票在国务院批准的其他全国性证券交易场所交易的公司，应当在每一会计年度结束之日起（　　）个月内，报送并公告年度报告；在每一会计年度的上半年结束之日起（　　）

个月内,报送并公告中期报告。

Ⅰ.1　　Ⅱ.2　　Ⅲ.3　　Ⅳ.4

A.Ⅰ、Ⅱ　　　B.Ⅲ、Ⅳ　　　C.Ⅲ、Ⅱ　　　D.Ⅳ、Ⅱ

【答案】D

【解析】上市公司年报应当在每个会计年度结束之日起4个月内,半年报在2个月内报送并公告。

41. 发生可能对上市交易公司债券的交易价格产生较大影响的重大事件,投资者尚未得知时,公司应当立即将有关该重大事件的情况向国务院证券监督管理机构和证券交易场所报送临时报告,并予公告,说明事件的起因、目前的状态和可能产生的法律后果。前款所称重大事件包括( )。

Ⅰ.公司债券信用评级发生变化

Ⅱ.公司股权结构发生重大变化

Ⅲ.公司新增借款或者对外提供担保超过上年末净资产的20%

Ⅳ.公司放弃债权或者财产超过上年末净资产的20%

A.Ⅰ、Ⅱ、Ⅲ　　　　　　　B.Ⅰ、Ⅱ、Ⅳ

C.Ⅱ、Ⅲ、Ⅳ　　　　　　　D.Ⅰ、Ⅱ、Ⅲ、Ⅳ

【答案】A

【解析】Ⅳ项应为公司放弃债权或者财产超过上年末净资产的10%。

42. 以下( )可以作为征集人,自行或者委托证券公司、证券服务机构,公开请求上市公司股东委托其代为出席股东大会,并代为行使提案权、表决权等股东权利。

Ⅰ.上市公司董事会

Ⅱ.上市公司独立董事

Ⅲ.持有1%以上有表决权股份的股东

Ⅳ.依照法律、行政法规或者国务院证券监督管理机构的规定设立的投资者保护机构

A.Ⅰ、Ⅱ　　　　　　　　　B.Ⅰ、Ⅲ

C.Ⅱ、Ⅲ、Ⅳ　　　　　　　D.Ⅰ、Ⅱ、Ⅲ、Ⅳ

【答案】D

【解析】选项全部正确。

43. 设立证券登记结算机构，应当具备下列条件包括（　　）。
   Ⅰ. 自有资金不少于人民币二亿元
   Ⅱ. 具有证券登记、存管和结算服务所必需的场所和设施
   Ⅲ. 主要管理人员和从业人员必须具有证券从业资格
   Ⅳ. 国务院证券监督管理机构规定的其他条件
   A. Ⅰ、Ⅱ、Ⅲ   B. Ⅰ、Ⅱ、Ⅳ
   C. Ⅱ、Ⅲ、Ⅳ   D. Ⅰ、Ⅱ、Ⅲ、Ⅳ
   【答案】B
   【解析】新修订《证券法》删除主要管理人员和从业人员必须具有证券从业资格一条。

44. 甲公司未经注册，擅自公开发行证券，对甲公司的处罚下列说法正确的有（　　）。
   Ⅰ. 责令停止发行，退还所募资金并加算银行同期存款利息，处以非法所募资金金额百分之一以上百分之五以下的罚款
   Ⅱ. 由依法履行监督管理职责的机构或者部门会同县级以上地方人民政府予以取缔
   Ⅲ. 对直接负责的主管人员和其他直接责任人员给予警告，并处以五十万元以上五百万元以下的罚款
   Ⅳ. 对直接负责的主管人员和其他直接责任人员给予警告，并处以三万元以上三十万元以下的罚款
   A. Ⅰ、Ⅱ、Ⅲ   B. Ⅱ、Ⅲ
   C. Ⅰ、Ⅱ、Ⅳ   D. Ⅰ、Ⅳ
   【答案】B
   【解析】根据最新的规定，公司非法公开募集，处以非法所募资金金额百分之五以上百分之五十以下的罚款；对相关人员的罚款提高到五十万元以上五百万元以下。

45. 证券公司承销或者销售擅自公开发行或者变相公开发行的证券的，下列表述的相关处罚措施正确的有（　　）。
   Ⅰ. 责令停止承销或者销售，没收违法所得，并处以违法所得一倍以上十倍以下的罚款

Ⅱ. 没有违法所得或者违法所得不足一百万元的，处以一百万元以上一千万元以下的罚款

Ⅲ. 情节严重的，并处暂停或者撤销相关业务许可

Ⅳ. 对直接负责的主管人员和其他直接责任人员给予警告，并处以十万元以上一百万元以下的罚款

A. Ⅰ、Ⅱ、Ⅲ B. Ⅲ、Ⅳ
C. Ⅰ、Ⅱ D. Ⅰ、Ⅱ、Ⅲ、Ⅳ

【答案】A

【解析】Ⅳ项应为对直接负责的主管人员和其他直接责任人员给予警告，并处以五十万元以上五百万元以下的罚款。

46. 收购人未按照本法规定履行上市公司收购的公告、发出收购要约义务的，责令改正，给予警告，对（　）和（　）给予警告，并处以二十万元以上二百万元以下的罚款。

Ⅰ. 法定代表人　　　　Ⅱ. 稽核部门负责人
Ⅲ. 直接负责的主管人员　Ⅳ. 其他直接责任人员

A. Ⅰ、Ⅱ、Ⅲ B. Ⅲ、Ⅳ
C. Ⅱ、Ⅲ D. Ⅰ、Ⅱ、Ⅳ

【答案】B

【解析】题干所述情形对直接负责的主管人员和其他直接责任人员给予警告，并处以三万元以上三十万元以下和二十万元以上二百万元以下的罚款。

47.《证券投资基金法》的立法宗旨为（　）。

Ⅰ. 规范基金活动
Ⅱ. 促进银行业的健康发展
Ⅲ. 促进基金市场的健康发展
Ⅳ. 保护投资者及其当事人的合法权益

A. Ⅰ、Ⅲ B. Ⅰ、Ⅱ、Ⅳ
C. Ⅰ、Ⅲ、Ⅳ D. Ⅰ、Ⅱ、Ⅲ、Ⅳ

【答案】C

【解析】证券投资基金法的立法宗旨：规范证券投资基金活动；保护投

资人及相关当事人的合法权益，促进证券投资基金和资本市场的健康发展。

48. 基金份额持有人大会行使的职权包括(　　)。
Ⅰ. 决定基金扩募或者延长基金合同期限
Ⅱ. 决定修改基金合同的重要内容，或者提前终止基金合同
Ⅲ. 决定更换基金管理人、基金托管人
Ⅳ. 决定调整基金管理人、基金托管人的报酬标准
A. Ⅰ、Ⅲ
B. Ⅰ、Ⅱ、Ⅳ
C. Ⅰ、Ⅲ、Ⅳ
D. Ⅰ、Ⅱ、Ⅲ、Ⅳ

【答案】D

【解析】选项全部正确。

49. 证券投资基金托管人应当履行的职责包括(　　)。
Ⅰ. 按照规定召集基金份额持有人大会
Ⅱ. 按照规定监督基金管理人的投资运作
Ⅲ. 复核、审查基金管理人计算的基金资产净值
Ⅳ. 按照规定开设基金财产的资金账户和证券账户
A. Ⅰ、Ⅱ、Ⅲ
B. Ⅰ、Ⅲ、Ⅳ
C. Ⅱ、Ⅲ、Ⅳ
D. Ⅰ、Ⅱ、Ⅲ、Ⅳ

【答案】D

【解析】选项全部正确。

50. 设立基金管理公司，应当具备的条件有(　　)。
Ⅰ. 有符合《中华人民共和国证券投资基金法》和《中华人民共和国公司法》规定的章程
Ⅱ. 注册资本不低于3亿元人民币，且必须为实缴货币资本
Ⅲ. 取得基金从业资格的人员达到法定人数
Ⅳ. 有完善的内部稽核监控制度和风险控制制度
A. Ⅰ、Ⅱ、Ⅲ
B. Ⅰ、Ⅲ、Ⅳ
C. Ⅱ、Ⅲ、Ⅳ
D. Ⅰ、Ⅱ、Ⅳ

【答案】B

【解析】Ⅱ项注册资本不低于1亿元人民币，且必须为实缴货币资本。

51. 甲为基金管理人固有财产的债权人，同时甲为基金管理人所管理的基金财产的债务人，则对该基金管理人固有财产的债务与其管理的基金财产的债权，下列说法错误的有(　　)。

Ⅰ. 可以通过另行签订协议的方式抵销

Ⅱ. 不得抵销

Ⅲ. 可以直接抵销

Ⅳ. 不得全部抵销，可以部分抵销

A. Ⅰ、Ⅲ
B. Ⅲ、Ⅳ
C. Ⅱ、Ⅲ
D. Ⅰ、Ⅲ、Ⅳ

【答案】D

【解析】基金财产的债权，不得与基金管理人、基金托管人固有财产的债务相抵销；不同基金财产的债权债务不得相互抵销。

52. 下列有关基金运作方式的表述中，正确的有(　　)。

Ⅰ. 可以采用封闭式

Ⅱ. 可以采用开放式

Ⅲ. 基金合同应当约定基金的运作方式

Ⅳ. 不得采用封闭式、开放式以外的其他方式

A. Ⅰ、Ⅱ、Ⅲ
B. Ⅰ、Ⅲ、Ⅳ
C. Ⅱ、Ⅲ、Ⅳ
D. Ⅰ、Ⅱ、Ⅳ

【答案】A

【解析】基金的运作方式可以采用封闭式、开放式或者其他方式。

53. 非公开募集基金的基金管理人员组织形态包括(　　)。

Ⅰ. 依法设立的公司　　Ⅱ. 合伙企业　　Ⅲ. 个人　　Ⅳ. 社团

A. Ⅰ、Ⅱ
B. Ⅰ、Ⅲ、Ⅳ
C. Ⅱ、Ⅲ
D. Ⅰ、Ⅱ、Ⅳ

【答案】A

【解析】非公开募集基金的基金管理人由依法设立的公司或者合伙企业担任。

54. 下列关于基金管理人、托管人利用未公开信息交易，承担民事赔偿

责任和罚款、罚金,说法正确的是( )。

Ⅰ. 基金管理人对基金财产的损失以其固有财产承担责任

Ⅱ. 基金托管人以受托资金承担罚款、罚金

Ⅲ. 依法收缴的罚款、罚金和没收的违法所得,全部上缴国库

Ⅳ. 依法收缴的罚款、罚金和没收的违法所得,全部归为基金财产

A. Ⅰ、Ⅲ　　　　B. Ⅰ、Ⅳ　　　　C. Ⅱ、Ⅲ　　　　D. Ⅱ、Ⅳ

【答案】A

【解析】《基金法》第一百五十一条,基金管理人、托管人、基金服务机构,以其固有财产承担民事赔偿责任和缴纳罚款、罚金;依法收缴的罚款、罚金和没收的违法所得,应当全部上缴国库。

55. 下列属于我国现有期货品种的有( )。

Ⅰ. 黄金　　Ⅱ. 铜　　Ⅲ. 可燃冰　　Ⅳ. 咖啡

A. Ⅰ、Ⅱ　　　　B. Ⅰ、Ⅳ　　　　C. Ⅱ、Ⅲ　　　　D. Ⅱ、Ⅳ

【答案】A

【解析】我国农产品期货品种包括大豆、豆油、豆粕、籼稻、小麦、玉米、棉花、白糖、菜籽油、鸡蛋等,不包括咖啡。金属期货品种包括黄金、白银、铜、铝、螺纹钢、线材等。能源期货品种包括原油、天然气、燃料油等,不包括可燃冰。

56. 金融期货的主要品种可以分为( )。

Ⅰ. 股指期货　　Ⅱ. 金属期货　　Ⅲ. 利率期货　　Ⅳ. 外汇期货

A. Ⅰ、Ⅱ、Ⅲ　　B. Ⅰ、Ⅲ、Ⅳ　　C. Ⅱ、Ⅲ、Ⅳ　　D. Ⅰ、Ⅱ、Ⅳ

【答案】B

【解析】金融期货主要包括股指期货、利率期货和外汇期货。

57. 期货交易所的职责包括( )。

Ⅰ. 提供交易场所、设施和服务

Ⅱ. 为期货交易提供集中履约担保

Ⅲ. 组织并监督交易、结算和交割

Ⅳ. 按照章程和交易规则对会员进行监督管理

A. Ⅰ、Ⅱ、Ⅲ　　　　　　　　　　　B. Ⅰ、Ⅲ、Ⅳ

C. Ⅱ、Ⅲ、Ⅳ D. Ⅰ、Ⅱ、Ⅲ、Ⅳ

【答案】D

【解析】选项全部正确。此外还包括设计合约、安排合约上市和国务院期货监督管理机构规定的其他职责。

58. 实行会员分级结算制度的期货交易所会员由(　　)和(　　)组成。
　Ⅰ. 机构投资者　Ⅱ. 结算会员　Ⅲ. 非结算会员　Ⅳ. 个人投资者
　A. Ⅰ、Ⅱ　　　B. Ⅰ、Ⅳ　　　C. Ⅱ、Ⅲ　　　D. Ⅲ、Ⅳ

【答案】C

【解析】实行会员分级结算制度的期货交易所的会员分为结算会员和非结算会员。

59. 期货交易所办理下列事项,应当经国务院期货监督管理机构批准的有(　　)。
　Ⅰ. 制定或者修改章程、交易规则
　Ⅱ. 中止、取消或者恢复交易品种
　Ⅲ. 提高保证金
　Ⅳ. 上市交易品种
　A. Ⅰ、Ⅱ、Ⅲ　B. Ⅰ、Ⅲ、Ⅳ　C. Ⅱ、Ⅲ、Ⅳ　D. Ⅰ、Ⅱ、Ⅳ

【答案】D

【解析】Ⅲ项提高保证金不必经过证监会的批准,但是需要立即报告国务院期货监督管理机构。

60. 申请设立期货公司,除应符合《中华人民共和国公司法》的规定,还应具备的条件包括(　　)。
　Ⅰ. 年盈利超过人民币3000万元
　Ⅱ. 注册资本最低限额为人民币3000万元
　Ⅲ. 董事、监事、高级管理人员具备任职条件,从业人员具有期货从业资格
　Ⅳ. 主要股东以及实际控制人具有持续盈利能力,信誉良好,最近3年无重大违法违规记录
　A. Ⅰ、Ⅱ、Ⅲ　B. Ⅰ、Ⅲ、Ⅳ　C. Ⅱ、Ⅲ、Ⅳ　D. Ⅰ、Ⅱ、Ⅳ

【答案】C

【解析】Ⅰ项设立期货公司并无明确盈利金额要求。

61. 期货交易实行( )制度。
   Ⅰ. 当日无负债结算制度　　Ⅱ. 强行平仓制度
   Ⅲ. 涨跌停板制度　　　　　Ⅳ. 强制减仓制度
   A. Ⅰ、Ⅱ、Ⅲ　　　　　　B. Ⅰ、Ⅲ、Ⅳ
   C. Ⅱ、Ⅲ、Ⅳ　　　　　　D. Ⅰ、Ⅱ、Ⅲ、Ⅳ

【答案】D

【解析】选项全部正确。此外还包括保证金交易制度、大户报告制度、套期保值制度。

62. 期货交割仓库不得有下列( )行为。
   Ⅰ. 出具虚假仓单
   Ⅱ. 违反期货交易所业务规则，限制交割商品的入库、出库
   Ⅲ. 泄露与期货交易有关的商业秘密
   Ⅳ. 违反国家有关规定参与期货交易
   A. Ⅰ、Ⅱ、Ⅲ　　　　　　B. Ⅰ、Ⅲ、Ⅳ
   C. Ⅱ、Ⅲ、Ⅳ　　　　　　D. Ⅰ、Ⅱ、Ⅲ、Ⅳ

【答案】D

【解析】选项全部正确。此外还包括国务院期货监督管理机构规定的其他行为。

63. 国务院期货监督管理机构对期货市场实施监督管理，其依法履行的职责包括( )。
   Ⅰ. 制定有关期货市场监督管理的规章、规则，并依法行使审批权
   Ⅱ. 对违反期货市场监督管理法律、行政法规的行为进行查处
   Ⅲ. 监督检查期货交易的信息公开情况
   Ⅳ. 开展与期货市场监督管理有关的国际交流、合作活动
   A. Ⅰ、Ⅱ、Ⅲ　　　　　　B. Ⅰ、Ⅲ、Ⅳ
   C. Ⅱ、Ⅲ、Ⅳ　　　　　　D. Ⅰ、Ⅱ、Ⅲ、Ⅳ

【答案】D

【解析】选项全部正确。

64. 根据《证券公司监督管理条例》规定，判断证券公司审慎经营的情况包括( )。
Ⅰ. 财务状况
Ⅱ. 专业人员数量
Ⅲ. 高级管理人员业务管理能力
Ⅳ. 内控水平

A. Ⅱ、Ⅲ
B. Ⅰ、Ⅲ、Ⅳ
C. Ⅱ、Ⅲ、Ⅳ
D. Ⅰ、Ⅱ、Ⅲ、Ⅳ

【答案】D
【解析】判断证券公司审慎经营情况的维度包括证券公司的财务状况、内部控制水平、合规程度、高级管理人员业务管理能力、专业人员数量等。

65. 根据《中华人民共和国证券法》规定，设立证券公司，应当具备( )条件，并经国务院证券监督管理机构批准。
Ⅰ. 有符合法律、行政法规规定的公司章程
Ⅱ. 主要股东具有持续盈利能力，信誉良好，最近3年无重大违法违规记录
Ⅲ. 有完善的风险管理与内部控制制度
Ⅳ. 有合格的经营场所、业务设施和信息技术系统

A. Ⅰ、Ⅱ、Ⅲ
B. Ⅰ、Ⅲ、Ⅳ
C. Ⅱ、Ⅲ、Ⅳ
D. Ⅰ、Ⅱ、Ⅲ、Ⅳ

【答案】D
【解析】选项全部正确。此外还包括有符合《证券法》规定的注册资本；董事、监事、高级管理人员具备任职资格，从业人员具有证券从业资格；以及法律、行政法规规定的和经国务院批准的国务院证券监督管理机构规定的其他条件。

66. 对于证券公司提交( )的申请，国务院证券监督管理机构自受理之日起3个月作出批准或者不予批准的书面决定。
Ⅰ. 收购分支机构

Ⅱ. 变更注册资本

Ⅲ. 合并

Ⅳ. 要求审查实际控制人资格

A. Ⅰ、Ⅱ　　　　　　　　　　B. Ⅰ、Ⅱ、Ⅲ

C. Ⅲ、Ⅳ　　　　　　　　　　D. Ⅰ、Ⅱ、Ⅲ、Ⅳ

【答案】C

【解析】符合题干相关表述的情形包括增加注册资本且股权结构发生重大调整，减少注册资本，合并、分立或者要求审查股东、实际控制人资格的申请。教材无原文，题目来自历年真题，《证券公司监督管理条例》第十六条。

67. 发生下列（　　）情形的，应当在国务院证券监督管理机构指定的报刊上公告，并按照规定将经营证券业务许可证交国务院证券监督管理机构注销。

Ⅰ. 证券公司停止全部证券业务　　Ⅱ. 证券公司解散

Ⅲ. 证券公司撤销境内分支机构　　Ⅳ. 证券公司破产

A. Ⅰ、Ⅱ　　　　　　　　　　B. Ⅲ、Ⅳ

C. Ⅰ、Ⅱ、Ⅲ　　　　　　　　D. Ⅰ、Ⅱ、Ⅲ、Ⅳ

【答案】D

【解析】选项全部正确。

68. 国务院证券监督管理机构在对证券公司业务活动、财务状况、经营管理情况进行检查时，可以采取的措施有（　　）。

Ⅰ. 要求证券公司的董事对有关检查事项做出说明

Ⅱ. 进入证券公司的办公场所进行检查

Ⅲ. 进入高级管理人员的住所进行检查

Ⅳ. 检查证券公司的计算机信息管理系统，复制有关数据资料

A. Ⅰ、Ⅱ、Ⅲ　　　　　　　　B. Ⅰ、Ⅲ、Ⅳ

C. Ⅰ、Ⅱ、Ⅳ　　　　　　　　D. Ⅰ、Ⅱ、Ⅲ、Ⅳ

【答案】C

【解析】可以采取的措施：询问证券公司的董事、监事、工作人员，要求其对有关检查事项作出说明；进入证券公司的办公场所或者营业场所进

行检查；查阅、复制与检查事项有关的文件、资料，对可能被转移隐匿或者毁损的文件、资料、电子设备予以封存；检查证券公司的计算机信息管理系统，复制有关数据资料。

69. 证券公司违反了解客户原则或适当性原则的法律责任包括(　　)。

Ⅰ. 责令改正，给予警告，没收违法所得，并处以违法所得1倍以上5倍以下的罚款

Ⅱ. 没有违法所得或者违法所得不足3万元的，处以3万元以上30万元以下的罚款

Ⅲ. 对直接负责的主管人员和其他直接责任人员单处或者并处警告、3万元以上10万元以下的罚款

Ⅳ. 情节严重的，对直接负责的主管人员和其他直接责任人员撤销任职资格或者证券从业资格

A. Ⅰ、Ⅱ、Ⅲ
B. Ⅰ、Ⅲ、Ⅳ
C. Ⅰ、Ⅱ、Ⅳ
D. Ⅰ、Ⅱ、Ⅲ、Ⅳ

【答案】D

【解析】选项全部正确。

第二章 证券经营机构管理规范

一、单项选择题

1. 根据相关法规的规定,下列证券公司治理的基本要求中,有关不得侵犯客户合法权益的说法,不正确的是(　　)。

A. 证券公司不得挪用客户交易结算资金

B. 证券公司不得挪用客户委托管理的资产

C. 证券公司可以根据实际情况挪用客户托管在公司的证券

D. 证券公司的股东和实际控制人不得占用客户资产,损害客户合法权益

【答案】C

【解析】证券公司不得侵犯客户的合法权益,不得挪用客户托管在公司的证券。

2. 下列关于证券公司股东与证券公司关系的表述,不正确的是(　　)。

A. 控股股东、实际控制人不得利用其控制地位或者滥用职权损害证券公司、公司其他股东的合法权益

B. 控股股东、实际控制人应当在业务、机构、资产、财务、办公场所等方面严格分开,维护证券公司的独立性

C. 控股股东、实际控制人应当采取有效措施,防止与其所控制的证券公司发生业务竞争

D. 控股股东、实际控制人不得与证券公司进行关联交易

【答案】D

【解析】证券公司的股东和实际控制人及其关联方可以与证券公司进行关联交易,但是关联交易不得损害公司利益。

3. 任何人未取得任职资格,实际行使证券公司高级管理人员职权的,中国证监会可以对其采取(　　)的措施。

A. 证券市场禁入　　　　　　B. 警告
C. 降职　　　　　　　　　　D. 罚款

【答案】A

【解析】题干所述情形证监会应当责令其停止行使职权，予以公告，并可以按照规定对其采取证券市场禁入的措施。

4. 证券公司独立董事与公司其他董事任期相同，连任时间不得超过（　　）年。

A. 6　　　　　B. 8　　　　　C. 9　　　　　D. 12

【答案】A

【解析】独立董事连任时间不得超过6年。

5. 下列对证券公司董事会的要求，不符合规定的是（　　）。

A. 证券公司设董事会的，内部董事人数不得超过董事人数的1/3
B. 证券公司章程应当明确规定董事会的职责
C. 证券公司董事会每年至少召开2次会议
D. 证券公司可以聘请外部专业人士担任董事

【答案】A

【解析】证券公司设董事会的，内部董事人数不得超过董事人数的1/2。

6. 根据《证券公司监督管理条例》的规定，证券公司经营（　　）等两种以上业务的，其董事会应当设薪酬与提名委员会、审计委员会和风险控制委员会，行使公司章程规定的职权。

A. 证券经纪业务、融资融券业务
B. 证券资产管理业务、期货经纪业务
C. 证券承销与保荐业务、与证券交易有关财务顾问
D. 证券投资咨询业务、证券自营业务

【答案】A

【解析】证券公司经营证券经纪业务、证券资产管理业务、融资融券业务和证券承销与保荐业务中的两种以上业务的，其董事会应当设薪酬与提名委员会、审计委员会和风险控制委员会。

7. 以下关于审计委员会的说法中，错误的是( )。

A. 审计委员会的负责人应当由独立董事担任

B. 审计委员会中独立董事的人数不得少于1/2，并且至少有3名独立董事从事会计工作5年以上

C. 审计委员会可以聘请专业人士提供服务，由此发生的合理费用由证券公司承担

D. 可以提议聘请或者更换外部审计机构，并监督外部审计机构的执业行为

【答案】B

【解析】审计委员会中独立董事的人数不得少于1/2，并且至少有1名独立董事从事会计工作5年以上。

8. 下列关于证券公司与客户关系的基本原则，表述错误的是( )。

A. 证券公司向客户提供的产品或者服务，对有关产品和服务的内容应履行保密的义务

B. 证券公司不得侵犯客户的财产权、选择权、公平交易权、知情权以及其他合法权益

C. 证券公司不得挪用客户交易结算基金、委托管理的资产及托管在公司的证券

D. 证券公司应当设专职部门或者岗位负责与客户进行沟通，处理客户的投诉等事宜

【答案】A

【解析】证券公司向客户提供的产品或者服务，对有关产品和服务的内容及风险予以充分披露，不得有虚假陈述、误导及其他欺诈客户的行为。

9. 下列有关证券公司内部控制制度机制建设的基本要求，说法错误的是( )。

A. 证券公司业务授权应当采用书面形式

B. 应当提高工作效率，比如资金清算人员由交易部门人员兼任，以及时解决资金收支时发生的技术难题

C. 应当建立完备的业务台账系统，并通过业务台账系统和会计核算系统交叉印证，防止出现账外经营、账目不清等问题

D. 重要合同和票据应有连号控制、作废控制等专门措施

【答案】B

【解析】电脑部门、财务部门、监督检查部门与业务部门的人员不得相互兼任，资金清算人员不得由电脑部门人员和交易部门人员兼任。

10. 下列有关自营业务内部控制的说法，不正确的是（　　）。

A. 建立健全自营业务的授权体系，确保自营部门及员工在授权范围内行使相应的职责

B. 自营业务的投资决策和交易执行等职能应相应分离

C. 自营业务和投资管理业务可以一起操作

D. 重要投资要有详细研究报告、风险评估及决策记录

【答案】C

【解析】证券公司应当防止自营业务与受托投资管理业务混合操作。

11. 下列关于投资银行业务内部控制保障方面的说法，不正确的是（　　）。

A. 非单一从事投资银行类业务的证券公司分支机构不得开展除项目承揽等辅助性活动以外的投资银行类业务

B. 分管投资银行类业务的高级管理人员不得同时管理与投资银行类业务存在或者可能存在利益冲突的部门或机构

C. 不得将投资银行类业务人员薪酬收入与其承做的项目收入直接挂钩

D. 应当对管理和执行投资银行类项目的主要人员建立收入递延支付机制，负有主要管理或执行责任人员的收入递延支付年限原则上不多于3年

【答案】D

【解析】针对投资银行类项目负有主要管理或执行责任人员的收入递延支付年限原则上不得少于3年。

12. 对于因投资银行类业务涉嫌违法违规而被证监会立案调查的证券公司，应当在（　　）日内对内部控制执行效果进行评估。证券公司应当于评估工作完成后（　　）日内向证监会相关派出机构报送内部控制执行有效性评估报告，说明评估及整改情况。

A. 15；30　　　　B. 30；60　　　　C. 45；30　　　　D. 60；45

【答案】C

【解析】题干所述情况应当在45日内对内部控制执行效果进行评估；评估完成后30日内向证监会相关派出机构报送。

13. 下列有关证券公司证券投资顾问业务内部控制的说法，正确的是(   )。

   A. 禁止以任何方式承诺或保证投资收益

   B. 与客户签订证券投资顾问协议，按照公平、合理、自愿的原则，与客户协商并以书面或口头的方式约定收取费用的收取安排

   C. 证券投资顾问服务费应当以公司账户或者个人账户收取

   D. 业务档案保存期限自协议开始之日起不得少于5年

【答案】A

【解析】选项B证券投资顾问收费应当以书面约定；选项C证券投资顾问服务费应当以公司账户收取；选项D应为档案保存期限自协议终止之日起，不得少于5年。

14. 证券公司在开展业务创新时，在可行性研究的基础上，应当及时与(   )沟通，履行创新业务的报备（报批）程序。

   A. 中国证券业协会

   B. 中国证监会

   C. 中国证监会派出机构

   D. 中国证券登记结算有限责任公司

【答案】B

【解析】证券公司开展业务创新应当及时与中国证监会沟通。

15. 证券公司应当建立合理的内部控制监督、检查与评价机制，确保内部控制的有效性。其中(   )负责监督、检查和评价证券公司各项内部控制制度的建立与执行情况，对内部控制的有效性负最终责任。(   )应对违反职责范围内的内部控制导致的风险和损失承担首要责任。

   A. 股东会；高级管理人员

   B. 股东会；业务部门和分支机构的负责人

   C. 董事会；高级管理人员

D. 董事会；直接从事业务经营活动的业务部门和分支机构的相关人员

【答案】D

【解析】董事会对内部控制的有效性负最终责任，直接从事业务经营活动的业务部门和分支机构的相关人员对违反内部控制导致的风险和损失承担首要责任。

16. 根据《证券公司合规管理实施指引》的规定，不属于证券公司合规经营的基本原则和应遵守的基本要求的是(　　)。

A. 不得为客户违规从事证券发行、交易活动提供便利

B. 有效管理内幕信息和未公开信息，防范公司及其工作人员利用该信息买卖证券、建议他人买卖证券，或者泄露该信息

C. 保证关联交易的公允性，防止不正当关联交易和利益输送

D. 建立业务风险识别、评估和控制的完整体系

【答案】D

【解析】建立业务风险识别、评估和控制的完整体系，属于内部控制制度、机制建设的基本要求。

17. 根据《证券公司合规管理实施指引》规定，属于证券公司经营管理主要负责人合规管理职责的是(　　)。

A. 组织制定规章制度，并监督其实施

B. 对董事、高级管理人员履行合规管理职责的情况进行监督

C. 决定解聘对发生重大合规风险负有主要责任或者领导责任的高级管理人员

D. 对发生重大合规风险负有主要责任的高级管理人员提出罢免的建议

【答案】A

【解析】选项B、选项D属于监事会的合规管理职责；选项C属于董事会的合规管理职责。

18. 根据《证券公司合规管理实施指引》的规定，证券公司设立合规负责人王某，以下关于王某的说法正确的是(　　)。

A. 王某是下属单位负责人

B. 王某直接向监事会负责

C. 王某组织拟订合规管理的基本制度和其他合规管理制度，督导下属各单位实施

D. 王某应当对证券公司内部规章制度、重大决策、新产品和新业务方案等进行合规审查，并出具书面或其他形式的合规审计意见

【答案】C

【解析】合规负责人是高级管理人员，直接向董事会负责，选项A、选项B错误；合规负责人，对证券公司内部规章制度、重大决策、新产品和新业务等合规审查，只能出具书面合规审计意见。

19. 根据《证券公司合规管理实施指引》的规定，证券公司设立合规负责人王某，王某发现证券公司2019年发生违法违规行为并且存在合规风险隐患，王某的做法中错误的是(　　)。

A. 王某依照公司章程规定及时向董事会、经营管理主要负责人报告，提出处理意见，并督促整改

B. 对于违规行为，王某督促证券公司及时向中国证监会相关派出机构报告

C. 对于公司违反行业规范和自律规则的情况，王某只向中国证监会相关派出机构进行了报告

D. 王某督促证券公司进行专项检查

【答案】C

【解析】王某应及时向董事会、经营管理主要负责人报告，公司未及时向证监会相关派出机构报告时，再直接向证监会相关派出机构报告。

20. 合规部门中具备(　　)年以上证券、金融、法律、会计、信息技术等有关领域工作经历的合规管理人员数量不得低于公司总部人数的一定比例，具体比例由中国证券业协会规定。

A. 1　　　　　B. 2　　　　　C. 3　　　　　D. 4

【答案】C

【解析】合规部门中具备3年以上相关工作经验的人员需要达到一定的比例。

21. 下列关于证券公司合规部门、合规管理人员的规定，表述不正确的

是( )。

A. 合规管理人员可以兼任与合规管理职责不相冲突的职务

B. 合规风险管控难度较大的部门和分支机构应当配备专职合规管理人员

C. 合规管理人员工作称职的,其年度薪酬收入总额不得高于公司同级别人员的平均水平

D. 合规部门及专职合规管理人员由合规负责人考核

【答案】C

【解析】合规管理人员工作称职的,其年度薪酬收入总额不得低于公司同级别人员的平均水平。

22. 根据《证券公司信息隔离墙制度指引》的规定,证券公司的敏感信息包括内幕信息和其他未公开信息。以下不属于证券公司内幕信息的是( )。

A. 该证券公司的经营方针和经营范围发生了重大变化

B. 该证券公司董事会通过了一项重要投资行为

C. 该证券公司接受了一项 30 万元的政府补助

D. 该证券公司分配股利或者增资的计划

【答案】C

【解析】30 万元的政府补助不会对证券公司有重大影响,不属于内幕信息。

23. 根据《中华人民共和国证券法》规定,公司营业用主要资产的抵押、出售或者报废一次超过该资产( )的,属于公司的内幕信息。

A. 40%　　　　B. 25%　　　　C. 30%　　　　D. 15%

【答案】C

【解析】公司的重大投资行为,在一年内购买、出售重大资产超过公司资产总额30%,或者公司营业用主要资产的抵押、质押、出售或者报废一次超过该资产的30%的,属于公司的内幕信息。

24. 证券公司管理敏感信息的基本原则是( ),这是信息隔离墙制度中敏感信息管理的核心原则。

A. 责任自负原则　　　　　　B. 需知原则
C. 分散投资原则　　　　　　D. 理智投资原则

【答案】B

【解析】证券公司应当按照需知原则管理敏感信息，确保敏感信息仅限存在合理业务需求或者管理职责需要的工作人员知悉。

25. 根据《证券公司信息隔离墙制度指引》的规定，对于跨墙的申请和审批、跨墙人员行为规范及监督管理、回墙作出的规定中，表述正确的是(　　)。

A. 证券公司保密侧业务部门需要公开侧业务部门派员跨墙进行业务协作的，应当事先向保密侧业务部门和合规部门提出申请，并经其审批同意

B. 跨墙人员在跨墙期间不应泄露或不当使用跨墙后知悉的内幕信息

C. 合规部门负责记录跨墙情况，无权对跨墙人员行为进行监控

D. 跨墙人员在跨墙活动结束时即可回墙

【答案】B

【解析】选项 A，证券公司保密侧业务部门需要公开侧业务部门派员跨墙进行业务协作的，应当事先向跨墙人员所属部门和合规部门提出申请，并经其审批同意；选项 C，合规部门负责记录跨墙情况，向跨墙人员提示跨墙行为规范，并会同提出跨墙申请的业务部门和跨墙人员所属部门对跨墙人员行为进行监控；选项 D，跨墙人员在跨墙活动结束，且获取的内幕信息已公开或者不再具有重大影响后方可回墙。

26. 下列关于证券公司隔离墙观察名单的说法，错误的是(　　)。

A. 观察名单属于高度保密的名单

B. 证券公司对列入观察名单的公司或证券的相关业务活动无须监控

C. 证券公司已经掌握内幕消息的，应当将该内幕消息所涉公司或证券列入观察名单

D. 观察名单不影响证券公司开展业务

【答案】B

【解析】证券公司应当对列入观察名单的公司或者证券的相关业务活动实施监控，发现异常情况及时调查处理。

27. 下列有关观察名单和限制名单进出时点的说法，错误的是( )。

A. 观察名单的进入时点，以与客户签署保密协议、对项目立项、进场开展工作和实际获知项目内幕信息中较晚者为准

B. 限制名单的进入时点之一是担任首次公开发行股票项目的上市辅导人、保荐机构或主承销商的信息公开之日

C. 担任上市公司股权类、债权类再融资项目或并购重组项目保荐机构、主承销商或财务顾问的，限制名单的进入时点是项目公司首次对外公告该项目之日

D. 证券公司根据实际需要，可以将列入限制名单的时点前移

【答案】A

【解析】观察名单的进入时点，以与客户签署保密协议、对项目立项、进场开展工作和实际获知项目内幕信息中较早者为准。

28. 根据中国证券业协会《关于证券公司做好利益冲突管理工作的通知》，证券公司对利益冲突管理措施及原则的说法，不正确的是( )。

A. 证券公司已经采取信息隔离墙等措施，仍难以避免利益冲突的，应当对相关活动采取限制措施

B. 证券公司已经采取信息隔离墙等措施，仍难以避免利益冲突的，应当对实际存在的和潜在的利益冲突进行充分披露

C. 披露仍难以有效管理利益冲突的，证券公司应当对存在利益冲突的相关业务活动采取限制措施

D. 证券公司在对相关业务进行限制时，应当遵循客户利益优先和公平对待客户的原则

【答案】A

【解析】证券公司已经采取信息隔离墙等措施，仍难以避免利益冲突的，应当对实际存在的和潜在的利益冲突进行充分披露；选项B正确，选项A错误。

29. 下列关于分类监管制度对证券公司正向激励作用的说法，错误的是( )。

A. 提升风险控制能力　　B. 培育核心竞争力

C. 加强合规管理　　D. 便于证券公司广告宣传

【答案】D

【解析】分类监管对证券公司加强合规管理、提升风险控制能力、培育核心竞争力，发挥了正向的激励作用。

30. 根据《证券公司分类监管规定》，证券公司分类评价（　　）进行一次。

　　A. 每年　　　　B. 每季度　　　　C. 每月　　　　D. 每半年

【答案】A

【解析】分类评价每年进行一次，评价期为上一年度 5 月 1 日至本年度 4 月 30 日。

31. 中国证监会根据证券公司评价计分的高低，将证券公司分为 A（AAA、AA、A）、B（BBB、BB、B）、C（CCC、CC、C）、D、E 五大类 11 个级别。以下有关证券公司基于分类监管要求划分的证券公司基本类别的说法，错误的是（　　）。

　　A. C 级是正常经营状态的最低等级

　　B. 评价分低于 60 分的证券公司，定为 D 类公司

　　C. B 类 BB 级及以上公司的评价计分应当高于 90 分

　　D. 被依法采取责令停业整顿、指定其他机构托管、接管、行政重组等风险处置措施的证券公司，评价计分为 0 分，定为 E 类公司

【答案】C

【解析】B 类 BB 级及以上公司的评价计分应当高于基准分 100 分。

32. 证券公司资本杠杆率等于（　　）除以表内外资产总额。

　　A. 净资产　　　　　　　　　B. 净资本

　　C. 核心净资本　　　　　　　D. 附属净资本

【答案】C

【解析】资本杠杆率等于核心净资本除以表内外资产总额。

33. 根据《证券公司风险控制指标管理办法》，证券公司经营证券经纪业务，同时经营证券承销与保荐、证券自营、证券资产管理、其他证券业务等业务之一的，其净资本不得低于人民币（　　）。

A. 2000 万元　　B. 5000 万元　　　　C. 1 亿元　　　　　D. 2 亿元

【答案】C

【解析】证券公司同时经营题干所述业务的，其净资本不得低于人民币 1 亿元。

34. 证券公司必须持续符合风险控制指标标准的要求，下列能够符合要求的是(　　)。

A. 丙证券公司的流动性覆盖率为 80%
B. 丁证券公司的净稳定资金率为 40%
C. 甲证券公司的风险覆盖率为 120%
D. 乙证券公司的资本杠杆率为 6%

【答案】C

【解析】证券公司必须持续符合下列风险控制指标标准：①风险覆盖率不低于 100%；②资本杠杆率不得低于 8%；③流动性覆盖率不得低于 100%；④净稳定资金率不得低于 100%。

35. 证券公司净资本指标与上月相比发生 20% 以上不利变化或不符合规定标准时，证券公司应当在(　　)个工作日内向公司全体董事报告，(　　)个工作日内向公司全体股东报告。

A. 5；15　　　B. 10；15　　　C. 5；10　　　D. 10；20

【答案】C

【解析】题干所述情形，证券公司应当在 5 个工作日内向公司全体董事报告，10 个工作日内向公司全体股东报告。

36. 证券公司净资本或者其他风险控制指标不符合规定标准的，派出机构应当责令公司限期改正；证券公司整改后，经派出机构验收符合有关风险控制指标的，中国证监会及其派出机构应当自验收完毕之日起(　　)个工作日内解除对其采取的有关措施。

A. 3　　　　　B. 5　　　　　C. 7　　　　　D. 10

【答案】A

【解析】证券公司整改验收后，中国证监会及其派出机构应当自验收完毕之日起 3 个工作日内解除对其采取的有关措施。

37. 按照《证券公司全面风险管理规范》的要求，( )对全面风险管理承担主要责任。

　　A. 董事会　　　　　　　　B. 股东会
　　C. 经理层　　　　　　　　D. 首席风险官

【答案】C

【解析】证券公司经理层对全面风险管理承担主要责任。

38. 证券公司风险管理部门具备( )年以上的证券、金融、会计、信息技术等有关领域工作经历的人员占公司总部员工比例应不低于( )%。

　　A. 1；2　　　B. 2；3　　　C. 3；2　　　D. 5；2

【答案】C

【解析】证券公司风险管理部门具备3年以上的证券、金融、会计、信息技术等有关领域工作经历的人员占公司总部员工比例应不低于2%。

39. 证券公司应当将子公司的风险管理纳入统一体系，子公司风险管理工作负责人应由( )考核，考核权重不低于50%。

　　A. 证券公司首席风险官　　　B. 证券公司董事长
　　C. 子公司董事长　　　　　　D. 子公司总经理

【答案】A

【解析】子公司风险管理工作负责人应由证券公司首席风险官考核，考核权重不低于50%。

40. 风险管理部门发现风险管理指标超限额的，应当与业务部门、分支机构、子公司及时沟通，督促相关部门在规定时间内予以有效解决，并及时向( )报告。

　　A. 总经理　　B. 董事长　　C. 首席风险官　　D. 董事会

【答案】C

【解析】风险管理部门发现风险管理指标超限额的，应当及时向首席风险官报告。

41. 下列关于中国证券业协会就全面风险管理实施的自律管理说法，不正确的是( )。

A. 证券业协会可以对证券公司全面风险管理情况进行评估和检查，证券公司应予以配合

B. 证券公司违反《证券公司全面风险管理规范》的，证券业协会可以对公司及相关负责人采取自律管理措施

C. 证券公司违反《证券公司全面风险管理规范》，情节严重的，证券业协会可以对公司及相关负责人进行行政处罚

D. 证券业协会可以督促证券公司持续完善全面风险管理体系

【答案】C

【解析】证券公司违反《证券公司全面风险管理规范》，情节严重的，证券业协会可以对公司及相关负责人进行纪律处分，行政处罚属证监会的职权。

42. 证券公司全面风险管理要求对各类风险进行管理，其中(　　)是指证券公司无法以合理成本及时获得充足资金，以期偿付到期债务，履行其他支付义务和满足正常业务开展的资金需求的风险。

A. 流动性风险　　　　　　B. 信用风险
C. 操作风险　　　　　　　D. 市场风险

【答案】A

【解析】题干是流动性风险的概念。

43. 下列关于证券公司流动性风险管理目标，描述最准确的是(　　)。

A. 确保公司可以应对紧急情况下的流动性需求

B. 制订有效的流动性风险应急计划

C. 确保具有充足的日间流动性头寸和相关融资安排，及时满足正常和压力情景下的日间支付需求

D. 建立健全流动性风险管理体系，对流动性风险实施有效识别、计量、监测和控制，确保其流动性需求能够及时以合理成本得到满足

【答案】D

【解析】选项 D 的表述最为准确。

44. 证券公司(　　)的流动性风险管理职责包括确定流动性风险管理组织架构，明确各部门职责分工；确保公司具有足够的资源，独立、有效地

开展流动性风险管理工作。

　　A. 董事会　　　　　　　　　　B. 监事会
　　C. 流动性风险管理部门　　　　D. 经理层
【答案】D
【解析】经理层确定流动性风险管理组织架构，明确各部门职责分工；确保公司具有足够的资源，独立、有效地开展流动性风险管理工作。

45. 证券公司融资管理的基本要求不包括(　　)。
　　A. 分析正常和压力情景下未来不同时间段的融资需求和来源
　　B. 加强负债品种、期限、交易对手、融资抵（质）押品和融资市场等的集中度管理
　　C. 加强融资渠道管理，积极维护与主要融资交易对手的关系
　　D. 证券公司部门和岗位的设置应当权责分明、相互牵制；前台业务运作和后台管理支持适当分离
【答案】D
【解析】除选项 A、选项 B、选项 C 外，证券公司融资管理的另外一条是密切监测主要金融市场的交易量和价格等变动情况，评估市场流动性对公司融资能力的影响。

46. (　　)是指因融资方交易对手或者发行人的违约导致损失的风险。
　　A. 流动性风险　　　　　　　　B. 信用风险
　　C. 操作风险　　　　　　　　　D. 市场风险
【答案】B
【解析】题干是信用风险的概念。

47. 下列关于证券经营机构执行投资者适当性管理过程中应当遵循的基本原则，错误的是(　　)。
　　A. 差异性原则　　　　　　　　B. 投资者利益优先原则
　　C. 主观性原则　　　　　　　　D. 勤勉尽责原则
【答案】C
【解析】证券经营机构及其工作人员应当遵循的原则：投资者利益优先原则、勤勉尽职原则、客观性原则、有效性原则、差异性原则。

48. 下列普通投资者中，可以申请转化为专业投资者的是( )。

A. 甲私募基金管理人最近一年末净资产 900 万元，最近一年末持有股票型基金 500 万元，公司已经成立两年，正在中国证券投资基金业协会办理登记

B. 乙有限责任公司最近一年末净资产 8000 万元，最近一年末持有股票型基金 600 万元，公司已经成立 6 个月

C. 王先生最近一年末金融资产 600 万元，已经有 5 年工作经验，其中金融从业时间已经有 6 个月

D. 赵女士最近三年个人年均收入 50 万元，已经在国内一家公募基金管理公司担任产品经理 3 年

【答案】D

【解析】法人和其他组织申请转化为专业投资者需要最近一年末净资产不低于 1000 万元，最近 1 年末金融资产不低于 500 万元，且具有 1 年以上相关投资经历。A 选项净资产不足，B 选项投资经历不足。个人投资者要求金融资产不低于 300 万元或者最近 3 年个人年均收入不低于 30 万元，且有 1 年投资经历，C 选项经历不足。

49. 经过风险承受能力评估，经营机构将普通投资者按照其风险承受能力由低到高至少划分为( )5 个等级。

A. A1、A2、A3、A4、A5
B. A5、A4、A3、A2、A1
C. C1、C2、C3、C4、C5
D. C5、C4、C3、C2、C1

【答案】C

【解析】普通投资者风险承受能力由低到高至少划分为 C1、C2、C3、C4、C5 5 个等级。

50. 证券公司向普通投资者销售公司资产管理产品前，应当告知的信息包括( )。

A. 可能直接导致获得收益的情形

B. 可能直接导致超额收益的事项

C. 对客户本金盈亏无影响的经营机构业务变化

D. 因经营机构的业务或者财产状况变化，影响客户判断的重要事由

【答案】D

【解析】选项A应为可能直接导致本金亏损的情形；选项B应为可能直接导致超过原始本金损失的事项；选项C应为因经营机构的业务或财务状况变化，可能导致客户本金或者原始本金亏损的事项。

51. 根据《证券期货投资者适当性管理办法》，除以下（　　）情形外，证券经营机构应通过营业网点向普通投资者进行告知、警示的，应当全过程录音或录像。通过互联网等非现场方式进行的，应完善配套留痕安排，由普通投资者通过符合法律、行政法规要求的电子方式进行确认。

　　A. 普通投资者申请转为专业投资者
　　B. 向专业投资者销售高风险产品或服务
　　C. 经营机构主动调整投资者分类、产品或服务分级、适当性匹配意见
　　D. 向普通投资者履行信息告知义务
【答案】B
【解析】向专业投资者销售高风险产品或服务，可以免予留痕。

52. 证券公司在与客户建立业务关系时，应当识别客户身份，了解（　　）和（　　），核对客户的有效身份证或者其他身份证明文件，登记客户身份基本信息，并留存有效身份证件或者其他身份证明文件的复印件或者影印件。

　　A. 实际控制客户的自然人；交易的实际受益人
　　B. 实际控制客户的法人；交易的实际受益人
　　C. 实际控制客户的法人；交易的直接受益人
　　D. 实际控制客户的自然人；交易的直接受益人
【答案】A
【解析】证券公司在与客户建立业务关系时，应当识别客户身份，了解实际控制客户的自然人和交易的实际受益人。

53. 下列有关客户身份资料和交易记录保存的基本要求的说法，错误的是（　　）。

　　A. 在业务关系存续期间，客户身份资料发生变更的，证券公司应当及时更新客户身份资料
　　B. 证券公司应当采取安全、准确、完整、保密的原则，采取必要管理

措施和技术措施，防止客户身份资料和交易记录的缺少、毁损

C. 客户身份资料在业务关系结束后、客户交易信息在交易结束后，应当至少保存 10 年

D. 证券公司破产或者解散时，应当将客户身份资料和交易记录移交中国证监会指定的机构

【答案】C

【解析】客户身份资料在业务关系结束后、客户交易信息在交易结束后，应当至少保存 5 年。

54. 洗钱风险管理工作基本原则中，（　　）是指洗钱风险管理资源投入应当与所处行业风险特征、管理模式、业务模式、产品复杂程度等因素相适应，并根据情况变化及时调整。

  A. 全面性原则　　　　　　B. 同一性原则
  C. 匹配性原则　　　　　　D. 有效性原则

【答案】A

【解析】题干所述是匹配性原则的具体体现。

55. 对于已确立过风险等级的客户，证券公司应根据其风险程度设置相应的重新审核期限，实现对风险的动态追踪。原则上，风险等级最高的客户的审核期限不得超过（　　），低一等级客户的审核期限不得超出上一级客户审核期限时长的（　　）。

  A. 半年；2 倍　B. 半年；3 倍　　C. 一年；2 倍　　D. 一年；3 倍

【答案】A

【解析】原则上，风险等级最高的客户的审核期限不得超过半年，低一等级客户的审核期限不得超出上一级客户审核期限时长的 2 倍。

56. 对于新建立业务关系的客户，证券公司应在建立业务关系后的（　　）个工作日内，按照收集信息、筛选分析信息、初评和复评的流程，划分其风险等级。

  A. 5　　　　　B. 10　　　　　C. 15　　　　　D. 20

【答案】B

【解析】对于新建立业务关系的客户，证券公司应当在建立业务关系后

的 10 个工作日内，按照收集信息、筛选分析信息、初评和复评的流程划分其风险等级。

57. 对于首次建立业务关系的客户，无论其风险等级高低，证券公司在初次确定其风险等级后的（　　）年内至少应进行一次复核。

　　A. 1　　　　　B. 2　　　　　C. 3　　　　　D. 4

【答案】C

【解析】首次建立业务关系的客户，证券公司在初次确定其风险等级后的 3 年内，至少应进行一次复核。

58. 证券公司委托其他机构开展客户风险等级划分等洗钱风险管理工作时，应与受托机构签订书面协议，并由（　　）批准。（　　）对受托机构进行的洗钱风险管理工作承担最终法律责任。

　　A. 董事会；受托机构　　　　　B. 高级管理层；受托机构

　　C. 董事会；委托机构　　　　　D. 高级管理层；委托机构

【答案】C

【解析】证券公司委托其他机构开展客户风险等级划分等洗钱风险管理工作时，由高级管理层批准，委托机构对受托机构进行的洗钱风险管理工作承担最终法律责任。

59. 证券公司与客户进行金融交易并通过银行账户划转款项的，由（　　）按照《金融机构大额交易和可疑交易报告管理办法》规定提交大额交易报告。

　　A. 证券公司　　B. 银行机构　　C. 客户　　　　D. 金融机构

【答案】B

【解析】通过银行划转款项的，由银行机构提交大额交易报告。

60. 证券公司发现或者有合理的理由怀疑客户、客户的资金或者其他资产、客户的交易或者试图进行的交易与洗钱、恐怖融资等犯罪活动相关的，不论所涉资金金额或者资产价值大小，应当向（　　）提交可疑交易报告。

　　A. 公安局　　　　　　　　　　B. 中国人民银行

　　C. 中国证监会　　　　　　　　D. 中国反洗钱监测分析中心

【答案】D

【解析】证券公司发现或者有合理的理由怀疑客户存在洗钱、恐怖融资等犯罪活动应当向中国反洗钱监测分析中心提交可疑交易报告。

61. 对既属于大额交易又属于可疑交易的交易，金融机构应当(   )。

A. 分别提交大额交易报告和可疑交易报告

B. 只提交大额交易报告

C. 只提交可疑交易报告

D. 两个报告都不需要提交

【答案】A

【解析】对既属于大额交易又属于可疑交易的交易，金融机构应当分别提交大额交易报告和可疑交易报告。

62. 下列关于恐怖活动资产冻结工作的说法，正确的是(   )。

A. 证券公司可以解除冻结措施

B. 证券公司应当严格按照公安部发布的恐怖活动组织名单，依法对相关资产进行查封

C. 证券公司发现恐怖活动组织及恐怖活动人员拥有或者控制的资产，应立即采取冻结措施

D. 没有规定的，参照公安机关的相关规定对被采取冻结措施的资产进行管理及处置

【答案】C

【解析】非依法律规定，证券公司不得擅自解除冻结措施，选项A错误；证券公司应当严格按照公安部发布的恐怖活动组织名单，依法对相关资产采取冻结措施，选项B错误；没有规定的，参照公安机关、国家安全机关、检察机关的相关规定执行，选项D错误。

63. 根据《涉及恐怖活动资产冻结管理办法》，境外有关部门以涉及恐怖活动为由，要求证券公司冻结相关资产、提供客户身份信息及交易信息的，证券公司应当(   )。

A. 立即采取冻结措施

B. 告知对方通过外交途径或者司法协助途径提出请求

C. 立即提供客户的身份信息

D. 立即提供客户的交易信息

【答案】B

【解析】题干所述情形，证券公司应当告知对方通过外交途径或者司法协助途径提出请求；不得擅自采取冻结措施，不得擅自提供客户身份信息及交易信息。

64. 下列不属于证券公司首席信息官的任职条件的是(　　)。

A. 从事信息工作 20 年以上，其中从事证券基金行业信息技术相关的工作不少于 3 年

B. 证券监管机构，证券基金自律组织任职 8 年以上

C. 最近 3 年未被金融监管机构实施行政处罚或采取重大行政监管措施

D. 从事信息技术相关工作 10 年以上，其中证券基金行业信息技术相关工作年限不少于 3 年

【答案】A

【解析】首席信息官的任职条件之一是从事信息技术相关工作 10 年以上，其中证券基金行业信息技术相关工作年限不少于 3 年，选项 D 正确，选项 A 错误。

65. 证券公司应当委托外部专业机构开展信息技术管理工作的全面审计，频率不低于(　　)一次。

A. 半年　　　　B. 1 年　　　　C. 3 年　　　　D. 5 年

【答案】C

【解析】信息技术管理工作全面审计频率不低于每 3 年一次。

二、组合型单项选择题

1. 甲证券公司于 2019 年 12 月 20 日举行了本年第二次董事会会议，下列有关董事会会议的设置和议事规则正确的有(　　)。

Ⅰ. 因为几位董事无法按时出席董事会现场，最终决定采用视频会议的方式举行董事会会议

Ⅱ. 此次董事会会议因为无重大异议事项，没有制作会议记录

Ⅲ. 此次董事会会议共有 2/3 的无关联关系的董事参加

Ⅳ. 董事会表决有关联交易的议案时，与交易对方有关联关系的董事不需回避

A. Ⅰ、Ⅱ、Ⅲ   B. Ⅰ、Ⅲ
C. Ⅱ、Ⅲ   D. Ⅲ、Ⅳ

【答案】B

【解析】董事会会议应当制作会议记录，并且可以录音，Ⅱ项错误；董事会表决有关联交易的议案时，有关联关系的董事应当回避，由过半数的无关联关系的董事出席即可，Ⅲ项正确、Ⅳ项错误。

2. 下列关于证券公司监事会或监事的说法，正确的是(　　)。

Ⅰ. 证券公司可以聘请外部专业人士担任监事
Ⅱ. 证券公司设监事会的，监事会应当设主席
Ⅲ. 证券公司设监事会的，必须设副主席
Ⅳ. 证券公司监事有权了解公司经营情况

A. Ⅰ、Ⅱ、Ⅲ   B. Ⅰ、Ⅲ、Ⅳ
C. Ⅱ、Ⅲ、Ⅳ   D. Ⅰ、Ⅱ、Ⅳ

【答案】D

【解析】监事会应当设主席，可以设副主席，主席是监事会的召集人。

3. 下列属于证券公司高级管理人员的是(　　)。

Ⅰ. 总经理　　Ⅱ. 副总经理　　Ⅲ. 财务负责人　　Ⅳ. 董事会秘书

A. Ⅰ、Ⅱ、Ⅲ   B. Ⅰ、Ⅲ、Ⅳ
C. Ⅱ、Ⅲ、Ⅳ   D. Ⅰ、Ⅱ、Ⅲ、Ⅳ

【答案】D

【解析】选项全部正确，此外还包括合规负责人以及实际履行上述职务的人员。

4. 按照《证券公司内部控制指引》的要求，证券公司内部控制的组织结构要求设立严密有效的三道业务防线，其中，第一道防线、第二道防线和第三道防线分别是(　　)。

Ⅰ. 建立相关部门、相关岗位之间相互制衡、监督的防线
Ⅱ. 建立重要一线岗位双人、双职、双责为基础的防线

Ⅲ. 建立独立的监督检查部门对各项业务、各部门、各分支机构、各岗位全面实施监控、检查和反馈的防线

A. Ⅰ、Ⅱ、Ⅲ　　　　　　　　　B. Ⅱ、Ⅲ、Ⅰ
C. Ⅱ、Ⅰ、Ⅲ　　　　　　　　　D. Ⅲ、Ⅰ、Ⅱ

【答案】C

【解析】三道业务防线分别是重要一线岗位、相关部门和相关岗位和独立的监督检查部门。

5. 证券公司各类业务内部控制的主要内容包括(　　)。
　Ⅰ. 经纪业务内部控制
　Ⅱ. 融资融券业务内部控制
　Ⅲ. 投资银行类业务内部控制
　Ⅳ. 受托投资管理业务内部控制

A. Ⅰ、Ⅱ、Ⅲ　　　　　　　　　B. Ⅰ、Ⅲ、Ⅳ
C. Ⅱ、Ⅲ、Ⅳ　　　　　　　　　D. Ⅰ、Ⅱ、Ⅲ、Ⅳ

【答案】B

【解析】证券公司各类业务内部控制的主要内容包括经纪业务、自营业务、投资银行业务、受托投资管理业务、研究咨询业务、证券投资顾问业务。

6. 证券公司经纪业务内部控制应当重点防范挪用客户交易结算资金及其他客户资产、非法融入融出资金以及结算风险等。具体而言，经纪业务方面的主要制度有(　　)。

| Ⅰ. 法人集中清算制度 | Ⅱ. 客户交易结算资金集中管理制度 |
| Ⅲ. 交易数据安全备份制度 | Ⅳ. 交易清算差错的处理程序和审批制度 |

A. Ⅰ、Ⅱ、Ⅲ　　　　　　　　　B. Ⅰ、Ⅲ、Ⅳ
C. Ⅱ、Ⅲ、Ⅳ　　　　　　　　　D. Ⅰ、Ⅱ、Ⅲ、Ⅳ

【答案】D

【解析】选项全部正确。

7. 下列关于证券公司受托投资管理业务内部控制的说法，正确的

有( )。

Ⅰ. 受托投资管理业务应与自营业务严格分离、独立决策、独立运作

Ⅱ. 受托资产必须由银行作为托管人进行托管

Ⅲ. 受托投资管理合同中不得有承诺收益条款

Ⅳ. 根据自身的管理能力及风险控制水平，合理控制受托投资管理业务规模

A. Ⅰ、Ⅱ、Ⅲ
B. Ⅰ、Ⅲ、Ⅳ
C. Ⅱ、Ⅲ、Ⅳ
D. Ⅰ、Ⅱ、Ⅲ、Ⅳ

【答案】B

【解析】受托资产封闭运作、专户管理，证券公司应创造条件积极引入有资质的银行作为托管人托管受托资产。

8. 证券公司业务创新应当重点防范的风险包含( )。

Ⅰ. 违法违规　　Ⅱ. 规模失控　　Ⅲ. 决策失误　　Ⅳ. 盈利未达预期

A. Ⅰ、Ⅱ、Ⅲ
B. Ⅰ、Ⅲ、Ⅳ
C. Ⅱ、Ⅲ
D. Ⅰ、Ⅱ、Ⅳ

【答案】A

【解析】证券公司对业务创新应重点防范违法违规、规模失控、决策失误等风险。

9. 证券基金经营机构董事会决定本公司的合规管理目标，对合规管理的有效性承担责任，履行下列( )合规管理职责。

Ⅰ. 审议批准合规管理的基本制度

Ⅱ. 审议批准年度合规报告

Ⅲ. 建立与合规负责人的直接沟通机制

Ⅳ. 决定聘任、解聘、考核合规负责人

A. Ⅰ、Ⅱ、Ⅲ
B. Ⅰ、Ⅲ、Ⅳ
C. Ⅱ、Ⅲ、Ⅳ
D. Ⅰ、Ⅱ、Ⅲ、Ⅳ

【答案】D

【解析】选项全部正确。此外还包括决定解聘对发生重大合规风险负有主要责任或者领导责任的高级管理人员；评估合规管理有效性，监督解决合规管理中存在的问题；以及公司章程规定的其他合规管理职责。

10. 下列属于证券公司年度合规报告内容的是(　　)。

Ⅰ. 合规负责人履行职责情况

Ⅱ. 违法违规行为、合规风险隐患的发现及整改情况

Ⅲ. 合规管理有效性的评估及整改情况

Ⅳ. 证券公司和各层级子公司合规管理的基本情况

A. Ⅰ、Ⅱ、Ⅲ
B. Ⅰ、Ⅲ、Ⅳ
C. Ⅱ、Ⅲ、Ⅳ
D. Ⅰ、Ⅱ、Ⅲ、Ⅳ

【答案】D

【解析】选项全部正确。

11. 证券基金经营机构违反合规管理规定的,中国证监会可以采取(　　)等行政监管措施。

Ⅰ. 出具警示函　Ⅱ. 责令定期报告　Ⅲ. 责令改正　Ⅳ. 监管谈话

A. Ⅰ、Ⅱ、Ⅲ
B. Ⅰ、Ⅲ、Ⅳ
C. Ⅱ、Ⅲ、Ⅳ
D. Ⅰ、Ⅱ、Ⅲ、Ⅳ

【答案】D

【解析】选项全部正确。

12. 下列关于证券公司为防止敏感信息不当流动和使用应当采取保密措施的说法,正确的有(　　)。

Ⅰ. 与公司工作人员签署保密文件,要求工作人员对工作中获取的敏感信息严格保密

Ⅱ. 加强对涉及敏感信息的信息系统、通信及办公自动化等信息设施、设备的管理,保障敏感信息安全

Ⅲ. 对可能知悉敏感信息的工作人员使用公司的信息系统或配发的设备形成的电子邮件、即时通信信息和其他通信信息进行监测

Ⅳ. 建立内幕信息知情人管理制度

A. Ⅰ、Ⅱ、Ⅲ
B. Ⅰ、Ⅲ、Ⅳ
C. Ⅱ、Ⅲ、Ⅳ
D. Ⅰ、Ⅱ、Ⅲ、Ⅳ

【答案】D

【解析】选项全部正确。

13. 对因保密侧业务而列入限制名单的公司或证券，不禁止开展下列（　　）业务。

Ⅰ. 通过自营交易账户进行 ETF、LOF、组合投资、避险投资、量化投资

Ⅱ. 依法通过自营交易账户进行的事先约定性质的交易及做市交易

Ⅲ. 发布证券研究报告业务

Ⅳ. 直接投资业务

A. Ⅰ、Ⅱ、Ⅲ　　　　　　　　B. Ⅲ、Ⅳ
C. Ⅱ、Ⅲ、Ⅳ　　　　　　　　D. Ⅰ、Ⅱ

【答案】D

【解析】对因保密侧业务而列入限制名单的公司或证券，证券公司应当禁止与其有关的发布证券研究报告、证券自营、直接投资等业务。同时通过自营交易账户进行 ETF、LOF、组合投资、避险投资、量化投资，以及依法通过自营交易账户进行的事先约定性质的交易及做市交易可以豁免限制。

14. 证券公司风险管理能力主要根据（　　）等评价指标，按照《证券公司风险管理能力评价指标标准》进行评价。

Ⅰ. 资本充足

Ⅱ. 公司治理与合规管理

Ⅲ. 全面风险管理、信息系统安全

Ⅳ. 客户权益保护、信息披露

A. Ⅰ、Ⅱ、Ⅲ　　　　　　　　B. Ⅰ、Ⅲ、Ⅳ
C. Ⅱ、Ⅲ、Ⅳ　　　　　　　　D. Ⅰ、Ⅱ、Ⅲ、Ⅳ

【答案】D

【解析】证券公司风险管理能力主要根据资本充足、公司治理与合规管理、全面风险管理、信息系统安全、客户权益保护、信息披露六类指标进行评价。

15. 证券公司业务发展状况主要根据证券公司（　　）等方面的情况进行评价。

Ⅰ. 经纪业务　　Ⅱ. 投行业务　　Ⅲ. 财富管理能力　　Ⅳ. 综合实力

A. Ⅰ、Ⅱ、Ⅲ　　　　　　　　B. Ⅰ、Ⅲ、Ⅳ

C. Ⅱ、Ⅲ、Ⅳ   D. Ⅰ、Ⅱ、Ⅲ、Ⅳ

【答案】D

【解析】选项全部正确。此外还包括资产管理业务、机构客户服务能力、境外业务、技术信息管理等。

16. 关于证券公司分类监管下列说法，正确的有(   )。

　Ⅰ. A类风险管理能力在行业内最高，能较好地控制新业务、新产品方面的风险

　Ⅱ. B类公司风险管理能力在行业内较高，在市场变化中能较好地控制扩张业务带来的风险

　Ⅲ. C类公司风险管理能力与其现有业务相匹配

　Ⅳ. D类公司潜在风险已经变为现实风险，已被采取风险处置措施

A. Ⅰ、Ⅱ、Ⅲ   B. Ⅰ、Ⅲ、Ⅳ
C. Ⅱ、Ⅲ、Ⅳ   D. Ⅰ、Ⅱ、Ⅲ、Ⅳ

【答案】A

【解析】Ⅳ项表述为E类公司情形。D类公司正确表述：公司风险管理能力低，潜在风险可能超过公司可承受范围。

17. 证券公司风险控制指标体系以净资本和流动性为核心，主要的风险控制指标包括(   )。

　Ⅰ. 净资本　　Ⅱ. 风险覆盖率　　Ⅲ. 资本杠杆率　　Ⅳ. 销售利润率

A. Ⅰ、Ⅱ、Ⅲ   B. Ⅰ、Ⅲ、Ⅳ
C. Ⅱ、Ⅲ、Ⅳ   D. Ⅰ、Ⅱ、Ⅲ、Ⅳ

【答案】A

【解析】证券公司风险控制指标体系主要包括净资本、风险覆盖率、资本杠杆率、流动性覆盖率、净稳定资金率等。

18. 全面风险管理是指证券公司董事会、经理层以及全体员工共同参与，对公司经营中的(   )等各类风险，进行准确识别、审慎评估、动态监控、及时应对及全程管理。

　Ⅰ. 流动性风险　　Ⅱ. 市场风险　　Ⅲ. 信用风险　　Ⅳ. 声誉风险

A. Ⅰ、Ⅱ   B. Ⅰ、Ⅱ、Ⅲ

C. Ⅰ、Ⅱ、Ⅳ D. Ⅰ、Ⅱ、Ⅲ、Ⅳ

【答案】D

【解析】选项全部正确。此外还包括操作风险等。

19. 全面风险管理体系应当包括(　　)。
　Ⅰ. 可操作的管理制度　　　Ⅱ. 健全的组织架构
　Ⅲ. 非量化的风险指标体系　Ⅳ. 可靠的信息技术系统
A. Ⅰ、Ⅱ、Ⅲ B. Ⅰ、Ⅲ、Ⅳ
C. Ⅰ、Ⅱ、Ⅳ D. Ⅰ、Ⅱ、Ⅲ、Ⅳ

【答案】C

【解析】Ⅲ项应为"量化的风险指标体系"。此外还包括专业的人才队伍、有效的风险应对机制。

20. 根据《证券公司全面风险管理规范》，证券公司董事会承担全面风险管理的最终责任包括(　　)。
　Ⅰ. 推进风险文化建设
　Ⅱ. 审议批准公司全面风险管理的基本制度，审议公司定期风险评估报告
　Ⅲ. 审议批准公司的风险偏好、风险容忍度以及重大风险限额
　Ⅳ. 任免、考核首席风险官，未明确要求建立与首席风险官的直接沟通机制
A. Ⅰ、Ⅱ、Ⅲ B. Ⅰ、Ⅲ、Ⅳ
C. Ⅱ、Ⅲ、Ⅳ D. Ⅰ、Ⅱ、Ⅳ

【答案】A

【解析】Ⅳ项应当建立与首席风险官的直接沟通机制。

21. 证券公司应当通过(　　)等手段保证风险管理制度的贯彻落实。
　Ⅰ. 评估　Ⅱ. 稽核　Ⅲ. 检查　Ⅳ. 绩效考核
A. Ⅰ、Ⅱ、Ⅲ B. Ⅰ、Ⅲ、Ⅳ
C. Ⅱ、Ⅲ、Ⅳ D. Ⅰ、Ⅱ、Ⅲ、Ⅳ

【答案】D

【解析】选项全部正确。

22. 证券公司风险管理机制的相关要求包括( )。

Ⅰ. 建立评估标准并进行风险控制

Ⅱ. 建立逐日盯市等机制,并进行报告

Ⅲ. 建立压力测试机制并实施

Ⅳ. 建立在各层级畅通的风险沟通机制

A. Ⅰ、Ⅱ、Ⅲ
B. Ⅰ、Ⅲ、Ⅳ
C. Ⅱ、Ⅲ、Ⅳ
D. Ⅰ、Ⅱ、Ⅲ、Ⅳ

【答案】D

【解析】选项全部正确。此外还包括选择与公司风险偏好相适应的应对策略与机制。

23. 证券公司流动性风险管理应遵循( )。

Ⅰ. 全面性原则 Ⅱ. 审慎性原则

Ⅲ. 预见性原则 Ⅳ. 准确性原则

A. Ⅰ、Ⅱ
B. Ⅰ、Ⅱ、Ⅲ
C. Ⅰ、Ⅱ、Ⅳ
D. Ⅰ、Ⅱ、Ⅲ、Ⅳ

【答案】B

【解析】证券公司流动性风险管理应遵循全面性、审慎性和预见性原则。

24. 根据《证券公司流动性风险管理指引》规定,下列关于流动性风险限额管理的说法,确定流动性风险管理组织架构,明确各部门职责分工;确保公司具有足够的资源,独立、有效地开展流动性风险管理工作,正确的有( )。

Ⅰ. 证券公司应对流动性风险实施限额管理

Ⅱ. 证券公司应至少每半年对流动性风险限额进行一次评估,必要时进行调整

Ⅲ. 证券公司应结合业务发展实际情况和流动性风险管理情况,制定流动性风险管理控制指标

Ⅳ. 证券公司应建立现金流测算和分析框架,有效计量、检测和控制正常和压力情景下未来不同时间段的现金流缺口

A. Ⅰ、Ⅱ
B. Ⅰ、Ⅲ、Ⅳ
C. Ⅲ、Ⅳ
D. Ⅱ、Ⅲ、Ⅳ

【答案】B

【解析】Ⅱ项证券公司应至少每年对流动性风险限额进行一次评估，必要时进行调整。

25. 根据《证券公司流动性风险管理指引》，下列关于流动性风险管理的说法，正确的有(　　)。

　　Ⅰ. 证券公司流动性风险管理目标是建立健全流动性风险管理体系，对流动性风险实施有效识别、计量、监测和控制确保其流动性需求能够及时以合理成本得到满足

　　Ⅱ. 证券公司流动性风险管理应遵循全面性、审慎性和预见性原则

　　Ⅲ. 证券公司应建立有效的流动性风险管理组织架构，建立健全有效的考核及问责机制

　　Ⅳ. 中国证券业协会应通过非现场检查、现场检查等方式，对证券公司的流动性风险水平及其管理状况实施自律管理

　　A. Ⅰ、Ⅱ、Ⅳ　　　　　　　　B. Ⅰ、Ⅲ、Ⅳ
　　C. Ⅱ、Ⅲ　　　　　　　　　　D. Ⅰ、Ⅱ、Ⅲ、Ⅳ

【答案】D

【解析】选项全部正确。

26. 证券公司面临的信用风险，按业务类型分类包括(　　)。

　　Ⅰ. 股票质押式回购交易、约定购回式证券交易、融资融券等融资类业务

　　Ⅱ. 互换场外期权远期，信用衍生品等场外衍生品交易

　　Ⅲ. 债券投资交易，债券包括但不限于国债、地方债、金融债，政府支持机构债，企业债等

　　Ⅳ. 非标准化债权资产投资

　　A. Ⅰ、Ⅱ、Ⅳ　　　　　　　　B. Ⅰ、Ⅲ、Ⅳ
　　C. Ⅱ、Ⅲ　　　　　　　　　　D. Ⅰ、Ⅱ、Ⅲ、Ⅳ

【答案】D

【解析】选项全部正确。此外还包括其他涉及信用风险的自有资金出资业务。

27. 证券公司信用风险管理应遵循的原则包括( )。

　　Ⅰ.全面性原则　　　Ⅱ.内部制衡性原则

　　Ⅲ.预见性原则　　　Ⅳ.全流程风控原则

　　A.Ⅰ、Ⅱ、Ⅳ　　　　　　　　　　B.Ⅰ、Ⅲ、Ⅳ

　　C.Ⅱ、Ⅲ　　　　　　　　　　　　D.Ⅰ、Ⅱ、Ⅲ、Ⅳ

【答案】A

【解析】证券公司的信用风险管理应遵循全面性、内部制衡、全流程风控的原则。

28. 经营机构向投资者销售产品或者提供服务时,应当了解投资者的( )。

　　Ⅰ.收入来源和数额、资产、债务等财务状况

　　Ⅱ.投资相关的学习、工作经历及投资经验

　　Ⅲ.投资期限、品种、期望收益等投资目标

　　Ⅳ.诚信记录

　　A.Ⅰ、Ⅱ　　　　　　　　　　　　B.Ⅰ、Ⅱ、Ⅲ

　　C.Ⅰ、Ⅱ、Ⅳ　　　　　　　　　　D.Ⅰ、Ⅱ、Ⅲ、Ⅳ

【答案】D

【解析】选项全部正确。

29. 根据《证券期货投资者适当性管理办法》,下列关于普通投资者享有的特别保护,体现在( )。

　　Ⅰ.信息告知　　Ⅱ.本金保障　　Ⅲ.风险警示　　Ⅳ.适当性匹配

　　A.Ⅱ、Ⅲ　　　　　　　　　　　　B.Ⅰ、Ⅲ、Ⅳ

　　C.Ⅱ、Ⅳ　　　　　　　　　　　　D.Ⅰ、Ⅱ、Ⅲ、Ⅳ

【答案】B

【解析】普通投资者享有的特殊保护体现在信息告知、风险警示、适当性匹配。

30. 依据《证券期货投资者适当性管理办法》,下列属于第一类专业机构投资者的有( )。

　　Ⅰ.保险公司　　Ⅱ.银行理财产品　　Ⅲ.企业年金　　Ⅳ.私募基金

管理人

A．Ⅰ、Ⅱ、Ⅲ B．Ⅰ、Ⅲ、Ⅳ

C．Ⅱ、Ⅳ D．Ⅰ、Ⅱ、Ⅲ、Ⅳ

【答案】A

【解析】Ⅳ项证券公司子公司、期货公司子公司、私募基金管理人需要经行业协会备案或者登记才能确认为第一类专业机构投资者。

31. 同时符合下列(　　)的法人或者其他组织，是第二类专业投资者。

　Ⅰ．最近 1 年末净资产不低于 2000 万元

　Ⅱ．最近 1 年末金融资产不低于 1000 万元

　Ⅲ．具有 2 年以上证券、基金、期货、黄金、外汇等投资经历

　Ⅳ．金融资产不低于 500 万元

A．Ⅰ、Ⅱ、Ⅲ B．Ⅰ、Ⅱ、Ⅳ

C．Ⅱ、Ⅲ、Ⅳ D．Ⅰ、Ⅱ、Ⅲ、Ⅳ

【答案】A

【解析】同时符合下列条件的法人或者其他组织是专业投资者：最近 1 年末净资产不低于 2000 万元；最近 1 年末金融资产不低于 1000 万元；具有 2 年以上证券、基金、期货、黄金、外汇等投资经历。

32. 自然人能够达到第二类专业投资者的条件包括(　　)。

　Ⅰ．金融资产不低于 500 万元

　Ⅱ．最近 3 年个人年均收入不低于 50 万元

　Ⅲ．具有 2 年以上证券、基金、期货、黄金、外汇等投资经历

　Ⅳ．具有 2 年以上金融产品设计、投资、风险管理及相关工作经历

A．Ⅰ、Ⅱ、Ⅲ B．Ⅰ、Ⅱ、Ⅳ

C．Ⅱ、Ⅲ、Ⅳ D．Ⅰ、Ⅱ、Ⅲ、Ⅳ

【答案】D

【解析】选项全部正确。

33. 经营机构应当按照有效维护投资者合法权益的要求，综合考虑(　　)等因素，确定普通投资者的风险承受能力，对其进行细化分类和管理。

Ⅰ. 收入来源　Ⅱ. 资产状况　Ⅲ. 投资知识和经验　Ⅳ. 风险偏好

A. Ⅰ、Ⅱ、Ⅲ　　　　　　　　　　B. Ⅰ、Ⅲ、Ⅳ

C. Ⅱ、Ⅲ、Ⅳ　　　　　　　　　　D. Ⅰ、Ⅱ、Ⅲ、Ⅳ

【答案】D

【解析】选项全部正确。

34. 经营机构划分产品或服务风险等级时，关于应当审慎评估其风险等级的产品或服务因素，说法正确的有(　　)。

Ⅰ. 存在本金损失可能性

Ⅱ. 产品或服务的流动变现能力

Ⅲ. 私募产品

Ⅳ. 自律组织认定的高风险产品或服务

A. Ⅰ、Ⅱ、Ⅲ　　　　　　　　　　B. Ⅰ、Ⅲ、Ⅳ

C. Ⅱ、Ⅲ、Ⅳ　　　　　　　　　　D. Ⅰ、Ⅱ、Ⅳ

【答案】D

【解析】Ⅲ项应为涉及面广、影响力大的公募产品或相关服务。

35. 根据《证券期货投资者适当性管理办法》规定，下列关于经营机构投资者适当性管理办法的说法，正确的有(　　)。

Ⅰ. 根据产品或者服务的不同风险等级，对其适合销售产品或者提供服务的投资者类型作出判断

Ⅱ. 根据投资者的不同分类，对其适合购买的产品或者接受的服务作出判断

Ⅲ. 如存在适当性不匹配的情况，不得主动向投资者进行推介

Ⅳ. 经书面风险警示，投资者仍坚持购买风险等级高于其风险承受能力的产品，可以向其销售该产品

A. Ⅰ、Ⅱ、Ⅲ　　　　　　　　　　B. Ⅰ、Ⅳ

C. Ⅱ、Ⅲ、Ⅳ　　　　　　　　　　D. Ⅰ、Ⅱ、Ⅳ

【答案】A

【解析】Ⅳ项需要经营机构在确认投资者不属于风险承受能力最低类别的投资者后进行。

36. 禁止经营机构进行下列( )活动。

Ⅰ. 向符合准入要求的投资者销售产品或者提供服务

Ⅱ. 向普通投资者主动推介不符合其投资目标的产品或者服务

Ⅲ. 向普通投资者主动推介风险等级高于其风险承受能力的产品或者服务

Ⅳ. 向投资者就不确定事项提供确定性的判断

A. Ⅰ、Ⅱ、Ⅲ B. Ⅰ、Ⅲ、Ⅳ
C. Ⅱ、Ⅲ、Ⅳ D. Ⅰ、Ⅱ、Ⅲ、Ⅳ

【答案】C

【解析】Ⅰ项应为向不符合准入要求的投资者销售产品或者提供服务。

37. 证券公司在开展经纪业务过程中，诱导无风险承受能力的客户进行股票交易，中国证监会派出机构将依法对其采取的监管措施包括( )。

Ⅰ. 监管谈话   Ⅱ. 责令参加培训
Ⅲ. 出具警示函 Ⅳ. 处以10万元以上30万元以下罚款

A. Ⅰ、Ⅱ、Ⅲ B. Ⅰ、Ⅲ、Ⅳ
C. Ⅱ、Ⅲ、Ⅳ D. Ⅰ、Ⅱ、Ⅲ、Ⅳ

【答案】A

【解析】经营机构违反《证券期货投资者适当性管理办法》规定的，中国证监会及其派出机构可以对经营机构及其直接负责的主管人员和其他直接责任人员采取责令改正、监管谈话、出具警示函、责令参加培训等监督管理措施。

38. 根据《反洗钱法》，下列属于反洗钱罪上游犯罪的有( )。

Ⅰ. 毒品犯罪   Ⅱ. 破坏金融管理秩序犯罪
Ⅲ. 单位犯罪   Ⅳ. 贪污贿赂犯罪

A. Ⅰ、Ⅱ、Ⅲ B. Ⅰ、Ⅱ、Ⅳ
C. Ⅱ、Ⅲ、Ⅳ D. Ⅰ、Ⅱ、Ⅲ、Ⅳ

【答案】B

【解析】反洗钱是指为了预防通过各种方式掩饰、隐瞒毒品犯罪、黑社会性质的组织犯罪、恐怖活动犯罪、走私犯罪、贪污贿赂犯罪、破坏金融管理秩序犯罪、金融诈骗犯罪等犯罪所得及其收益的来源和性质的洗钱活动,并无单位犯罪的表述。

39. 证券公司反洗钱工作基本制度包括( )。
 Ⅰ.客户身份识别制度   Ⅱ.大额交易和可疑交易报告制度
 Ⅲ.信息披露制度   Ⅳ.交易记录保存制度
 A. Ⅰ、Ⅱ、Ⅲ   B. Ⅱ、Ⅲ、Ⅳ
 C. Ⅰ、Ⅲ、Ⅳ   D. Ⅰ、Ⅱ、Ⅳ
【答案】D
【解析】证券公司应当建立健全客户身份识别制度和风险等级划分制度、客户身份资料和交易记录保存制度、大额交易和可疑交易报告制度、保密制度、宣传培训制度等反洗钱内部控制制度。

40. 以下情形中,需重新识别客户身份信息的有( )。
 Ⅰ.客户变更姓名   Ⅱ.客户行为出现异常
 Ⅲ.客户有洗钱嫌疑   Ⅳ.客户变更身份证明文件种类
 A. Ⅰ、Ⅱ、Ⅲ   B. Ⅱ、Ⅲ、Ⅳ
 C. Ⅰ、Ⅲ、Ⅳ   D. Ⅰ、Ⅱ、Ⅲ、Ⅳ
【答案】D
【解析】选项全部正确。

41. 金融机构除核对有效身份证件或者其他身份证明文件外,可以采取以下的( )措施,识别或者重新识别客户身份。
 Ⅰ.要求客户补充其他身份资料或者身份证明文件
 Ⅱ.回访客户
 Ⅲ.实地查访
 Ⅳ.向公安、工商行政管理等部门核实
 A. Ⅱ、Ⅲ   B. Ⅰ、Ⅱ、Ⅳ
 C. Ⅱ、Ⅲ、Ⅳ   D. Ⅰ、Ⅱ、Ⅲ、Ⅳ
【答案】D
【解析】选项全部正确。此外还包括其他依法可以采取的措施。

42. 关于客户身份识别制度,以下说法正确的是( )。

Ⅰ. 金融机构应当严格履行客户识别义务，不得通过第三方识别客户身份

Ⅱ. 金融机构在与客户建立业务关系时，应当要求客户出示真实有效的身份证件或身份证明文件

Ⅲ. 与客户建立人身保险，受益人不是客户本人，但由于受益人非保险费用缴纳方，金融机构可以自由选择是否对受益人的身份证件或者其他身份证明文件进行核查

Ⅳ. 由代理人办理业务的，金融机构应当同时对代理人和被代理人的身份证件或其他身份证明文件进行校对并登记

A. Ⅱ、Ⅲ
B. Ⅰ、Ⅲ、Ⅳ
C. Ⅱ、Ⅳ
D. Ⅰ、Ⅱ、Ⅳ

【答案】C

【解析】金融机构可以通过第三方识别客户身份，但应确保第三方已经采取符合本法要求的客户身份识别措施，Ⅰ项错误，与客户建立人身保险、信托等业务关系，受益人不是客户本人的，金融机构还应当对受益人的身份证件或者其他身份证明文件进行核对并登记，Ⅲ项错误。

43. 证券公司在报送可疑交易报告后，应当根据中国人民银行的相关规定采取（　　）后续风险控制措施。

Ⅰ. 限制客户交易　　Ⅱ. 提升客户风险等级
Ⅲ. 终止业务关系　　Ⅳ. 对可疑交易所涉客户及交易开展持续监控

A. Ⅱ、Ⅲ
B. Ⅰ、Ⅱ、Ⅳ
C. Ⅱ、Ⅲ、Ⅳ
D. Ⅰ、Ⅱ、Ⅲ、Ⅳ

【答案】D

【解析】选项全部正确。

44. 涉及恐怖活动的资产被采取冻结措施期间，下列做法正确的有（　　）。

Ⅰ. 收取被采取冻结措施的资产产生的孳息以及其他收益

Ⅱ. 受偿债权

Ⅲ. 为不影响正常的证券、期货交易秩序，执行恐怖活动组织及恐怖活动人员名单公布后生效的交易指令

Ⅳ. 证券公司对收取的款项或者受让的资产采取冻结措施

A. Ⅱ、Ⅲ
B. Ⅰ、Ⅱ、Ⅳ
C. Ⅱ、Ⅲ、Ⅳ
D. Ⅰ、Ⅱ、Ⅲ、Ⅳ

【答案】B

【解析】Ⅲ项应为为不影响正常的证券、期货交易秩序，执行恐怖活动组织及恐怖活动人员名单公布前（非公布后）生效的交易指令。

45. 证券公司董事会负责审议本公司的信息技术管理目标，对信息技术管理的有效性承担责任，履行的职责包括(　　)。

Ⅰ. 审议信息技术战略，确保与本公司的发展战略、风险管理策略、资本实力相一致

Ⅱ. 公司章程规定的其他信息技术管理职责

Ⅲ. 建立信息技术人力和资金保障方案

Ⅳ. 评估年度信息技术管理工作的总体效果和效率

A. Ⅰ、Ⅱ、Ⅲ
B. Ⅰ、Ⅲ、Ⅳ
C. Ⅱ、Ⅲ、Ⅳ
D. Ⅰ、Ⅱ、Ⅲ、Ⅳ

【答案】D

【解析】选项全部正确。

46. 证券公司应当设立信息技术管理部门负责实施(　　)等工作。

Ⅰ. 信息技术规划　　Ⅱ. 信息系统建设

Ⅲ. 信息技术质量控制　　Ⅳ. 运维管理

A. Ⅰ、Ⅱ、Ⅲ
B. Ⅰ、Ⅲ、Ⅳ
C. Ⅱ、Ⅲ、Ⅳ
D. Ⅰ、Ⅱ、Ⅲ、Ⅳ

【答案】D

【解析】选项全部正确。此外还包括信息安全保障。

47. 证券公司信息技术安全管理中的应急预案包括(　　)。

Ⅰ. 应急管理建设目标　　Ⅱ. 备份信息系统建设

Ⅲ. 备份数据恢复机制　　Ⅳ. 业务恢复或替代措施

A. Ⅰ、Ⅱ、Ⅲ
B. Ⅰ、Ⅱ、Ⅳ
C. Ⅱ、Ⅲ、Ⅳ
D. Ⅰ、Ⅱ、Ⅲ、Ⅳ

【答案】D

【解析】选项全部正确。此外还包括应急联系方式、与客户沟通方式、向监管部门及有关单位的报告路径、应急预案披露与更新机制等内容。

48. 信息技术服务机构的选取条件包括( )。

Ⅰ. 近3年未收到监管部门行政处罚或重大监管措施

Ⅱ. 机构及实控人近1年不存在证券期货重大违法违规记录

Ⅲ. 具备安全、稳定的信息技术服务能力

Ⅳ. 具备及时、高效的应急响应能力

A. Ⅰ、Ⅱ、Ⅲ
B. Ⅰ、Ⅱ、Ⅳ
C. Ⅱ、Ⅲ、Ⅳ
D. Ⅰ、Ⅱ、Ⅲ、Ⅳ

【答案】D

【解析】选项全部正确。此外还包括具备持续评估信息技术产品及服务是否符合监管要求的能力，中国证监会规定的其他情形。

第三章 证券公司业务规范

一、单项选择题

1. 下列部门规章及规范性文件中,不涉及证券经纪业务具体规范要求的是( )。

   A.《发布证券研究报告暂行规定》
   B.《证券登记结算管理办法》
   C.《内地与香港股票市场交易互联互通机制若干规定》
   D.《证券经纪人管理暂行规定》

【答案】A
【解析】《发布证券研究报告暂行规定》是证券公司、证券投资咨询机构发布证券研究报告的规范,不涉及证券经纪业务方面。

2. 证券公司通过其设立的证券营业部,接受投资者委托,处理交易指令、办理清算交收,称为( )业务。

   A. 证券结算　　B. 证券经纪　　C. 资产管理　　D. 证券自营

【答案】B
【解析】题干是证券经纪业务的概念。

3. 下列各项中,不属于证券经纪业务特点的是( )。

   A. 证券经纪商指令的权威性　　B. 证券经纪商的中介性
   C. 业务对象的广泛性　　　　　D. 客户资料的保密性

【答案】A
【解析】属于证券经纪业务特点的应当是客户指令的权威性。

4. 以下表述中,正确的是( )。

   A. 我国对证券经纪业务营销的监督管理不包括对证券经纪业务营销人员的管理

B. 证券经纪业务营销是以实体交易产品为载体的服务营销

C. 证券经纪业务的营销是市场营销管理与证券经纪业务相结合的产物

D. 客户服务是指证券经纪业务营销人员通过营销渠道，与客户建立关系并促成交易的过程

【答案】C

【解析】选项 A 我国对证券经纪业务营销的监管，主要体现在对证券经纪业务的证券公司以及对证券经纪人等证券经纪业务营销人员的管理；选项 B 证券经纪业务营销，是以证券类金融产品为载体的金融服务营销；选项 D 客户招揽是指证券经纪业务营销人员通过营销渠道，与客户建立关系并促成交易的过程。

5. 下列关于证券经纪人的说法中，错误的是（　　）。

A. 证券经纪人应当专门代理证券公司从事客户招揽和客户服务等活动

B. 证券经纪人可以接受两家证券公司的委托

C. 证券经纪人应当符合规定的条件

D. 证券经纪人为证券从业人员

【答案】B

【解析】证券经纪人只能接受一家证券公司的委托。

6. 取得（　　）后，证券经纪人方可执业。

A. 劳动合同　　　　　　　B. 执业前培训合格证书

C. 委托合同　　　　　　　D. 证券经纪人证书

【答案】D

【解析】根据《证券公司监督管理条例》规定，取得证券经纪人证书后，证券经纪人方可执业。

7. 证券公司应当对证券经纪人进行不少于（　　）的执业前培训，其中法律法规和职业道德的培训时间不少于 20 个小时。

A. 1 周　　　　B. 60 个小时　　　　C. 90 个小时　　　　D. 1 个月

【答案】B

【解析】证券公司应当对证券经纪人进行不少于 60 个小时的执业前培训。

8. 关于证券公司为客户开立账户，以下表述错误的是（　　）。

A. 证券公司在受理客户开户申请时，应当要求客户出具真实有效的身份证明文件，并采取必要措施对客户身份的真实性进行审核

B. 证券公司受理机构客户和自然人客户委托代理他人开户时，应当要求代理人出具真实有效的身份证明文件及授权委托文件，并采取必要措施对代理人身份的真实性及有效性进行审核

C. 客户委托他人代理开户的，证券公司应采取必要措施对客户本人和代理人进行投资者教育

D. 证券公司应当统一组织回访客户，对新开户客户应当在60日内完成回访

【答案】D

【解析】证券公司应当统一组织回访客户，对新开户客户应当在30日内完成回访。

9. 小明向其朋友介绍证券账户的开立过程，下列说法有误的是（　　）。

A. 小明在网上开户时，通过开户代理机构提供的第三方网站办理

B. 小明分别通过现场开户和见证开户申请开立了2个A股账户

C. 办理见证开户时，证券公司委派了2名工作人员为其办理手续，其中1名为见证人员

D. 小明目前只申请开立了1个信用账户

【答案】A

【解析】开户代理机构应通过其公司网站为投资者办理网上开户业务，不得利用第三方网站办理网上开户业务。

10. 下列有关证券账户变更和注销的说法，错误的是（　　）。

A. 投资者姓名或名称、有效身份证明文件类型及号码三项为关键信息

B. 投资者关键信息变更可以通过临柜、见证、网络、电话等方式办理

C. 证券账户持有余额为零且不存在与该证券账户相关的未了结业务的，投资者可以申请账户注销

D. 自然人投资者死亡的，相关当事人应当申请注销证券账户

【答案】B

【解析】投资者关键信息变更应通过临柜、见证等方式办理，不能通过

网络或电话办理。

11. 下列应当主动申请注销证券账户的情形不包括（　　）。

A. 发生自然人投资者死亡的

B. 法人以及合伙企业等非法人组织因依法被解散导致主体资格丧失、产品到期的

C. 法人以及合伙企业等非法人组织因依法被破产清算等原因导致主体资格丧失、产品到期的

D. 特殊机构与产品开户后 3 个月内出现没有进行交易、产品终止、合同失效或被撤销等情形的

【答案】D

【解析】特殊机构与产品开户后 6 个月内出现没有进行交易、产品终止、合同失效或被撤销等情形的。

12. 下列涉及股票非交易过户登记的申请，申请人可以直接通过托管证券公司办理的是（　　）。

A. 涉及法人资格丧失

B. 离婚导致的财产分割，过户股票数量占总发行量的 4%

C. 向联合国儿童基金会的捐赠

D. 向公益基金的捐赠

【答案】B

【解析】对于依法进行的财产分割情形，中国结算暂仅受理离婚涉及的过户登记申请。如过出方为上市公司持股 5% 以上的股份，不得违反持有期限、卖出时间、卖出数量、卖出方式等相关规定。

13. 根据《客户交易结算资金管理办法》规定，证券公司客户的交易结算资金应当存放在指定的商业银行，（　　）管理。

A. 在证券公司主账户下设子账户

B. 采取银证转账方式

C. 按资金率大小分类设置账户

D. 以每个客户的名义单独立户

【答案】D

【解析】证券公司客户交易结算资金应当存放在商业银行,以每个客户的名义单独立户管理。

14. 以下表述,错误的是(   )。
   A. 客户向证券公司下达委托指令的方式包括柜台委托、网上委托、电话委托和热键委托等
   B. 客户委托证券公司代理其进行证券交易而发出的委托及撤销委托等的内容和方式应符合证券市场的交易规则及协议的相关约定
   C. 对于客户可能影响正常交易秩序的异常交易行为,证券公司有权根据交易所的要求对客户的交易委托采取限制措施
   D. 对于因客户操作失误造成损失的,由证券公司承担
【答案】D
【解析】因客户操作失误或因客户指令违反证券交易所规则或协议约定,或其他可归咎于客户的原因而造成损失的,由客户承担。

15. 按照上海、深圳证券交易所的相关规定,席位代表了会员(证券公司)在证券交易所的权益,以下表述错误的是(   )。
   A. 会员(证券公司)须拥有席位方可在证券交易所进行交易
   B. 会员(证券公司)应当至少取得并持有一个席位,但会员(证券公司)不得共有席位
   C. 会员(证券公司)取得的席位可以向其他会员转让,也可以退回证券交易所
   D. 未经证券交易所同意,会员(证券公司)不得将席位出租、质押
【答案】C
【解析】会员(证券公司)取得的席位可以向其他会员转让,但不得退回证券交易所。

16. 下列关于深圳证券交易所交易单元的说法中,不正确的有(   )。
   A. 证券公司从事证券经纪、自营、融资融券等业务,可以通过同一交易单元进行
   B. 会员可以根据需要向交易所申请设立1个或多个交易单元
   C. 交易参与人应当通过在证券交易所申请开设的交易单元进行证券

交易

D. 交易所可以为交易单元设立大宗交易的交易权限

【答案】A

【解析】证券公司从事证券经纪、自营、融资融券等业务，应当分别通过专用的交易单元进行。

17. 下列关于客户交易安全监控的说法中，不正确的是（　　）。

A. 基本确认盗买盗卖等异常交易行为的，证券公司应当立即采取措施控制资产，并协助客户向公安机关报案

B. 证券公司应当要求客户在开立资金账户时自行设置密码，提醒客户适时修改密码和增强密码强度

C. 证券监管部门对客户账户进行调查时，为保护客户利益，证券公司应拒绝配合调查

D. 证券公司应当以信函、电子邮件、手机短信、网上查询，或者与客户约定的其他方式，保证客户在证券公司营业时间内能够查询及委托交易记录等信息

【答案】C

【解析】证券公司应当配合监管部门、证券交易所对客户异常交易行为进行监督、控制、调查，根据监管部门及证券交易所要求，及时、真实、准确、完整地提供客户账户资料及相关交易情况说明。

18. 下列关于"沪港通"的说法，错误的是（　　）。

A. 沪股通股票包括以外币报价交易的股票（B股）

B. 沪股通股票包括上证180指数成分股

C. 沪港通包括沪股通和港股通两部分

D. 沪股通股票包括上证380指数成分股

【答案】A

【解析】沪股通股票包括以下范围内的股票：上证180指数成分股；上证380指数成分股；A+H股上市公司的本所上市A股。

19. 下列关于"深港通"的说法中，错误的是（　　）。

A. 深股通股票包括深圳证券交易所上市的A+H股公司股票

B. 深港通包括深股通和深港通下的港股通两部分

C. 深股通股票包括市值60亿美元及以上的深证中小创新指数的成分股

D. 深股通股票包括市值60亿元人民币及以上的深证成分指数的成分股

【答案】C

【解析】深股通的股票范围是市值60亿元人民币以上的深证成分指数和深证中小创业（非创新）指数的成分股。

20. 通过市价申报买卖科创板股票的，单笔申报数量应当不小于(   )股，且不超过(   )股，卖出时余额不足(   )股的部分应当一次性申报卖出。

A. 200；1万；100　　　　　　B. 200；5万；200

C. 200；10万；200　　　　　　D. 100；1万；100

【答案】B

【解析】通过市价申报买卖科创板股票的，单笔申报数量应当不小于200股，且不超过5万股，卖出时余额不足200股的部分应当一次性申报卖出。通过限价订单单笔申报最大数量为10万股。

21. 个人投资者新申请开通创业板交易权限的条件，包括前20个交易日证券及资金账户内的资产日均应不低于人民币(   )万元，并参与证券交易(   )个月以上。

A. 10；24　　　B. 50；24　　　C. 10；36　　　D. 50；36

【答案】A

【解析】个人投资者申请开通创业板交易权限要求开通前20个交易日，证券账户及资金账户内的资产日均不低于人民币10万元，并参与证券交易24个月以上。

22. 根据《深圳证券交易所创业板交易特别规定》，创业板限价申报的单笔买卖申报数量不得超过(   )万股，市价申报的单笔买卖数量不得超过(   )万股。

A. 10；5　　　B. 20；10　　　C. 30；15　　　D. 50；20

【答案】C

【解析】创业板限价申报的单笔买卖申报数量不得超过30万股，市价申报的单笔买卖数量不得超过 15 万股。

23. 下列关于"沪伦通",说法错误的是( )。
   A. 沪伦通是指上交所与伦交所的互联互通机制
   B. 沪伦通包括南、北两个业务方向
   C. 沪伦通下的全球存托凭证是由存托人签发、以沪市 A 股为基础在英国发行、代表中国境内基础证券权益的证券
   D. 沪伦通是沪伦两地满足一定条件的上市公司到对方市场上市交易存托凭证的模式
   【答案】B
   【解析】沪伦通包括东、西两个业务方向。

24. 下列各项中,属于证券经纪业务合规风险的是( )。
   A. 将客户资金账户、证券账户提供给他人使用
   B. 工作人员违规操作导致客户账户管理差错
   C. 交易场地电脑设备不足
   D. 为法人客户开立账户审核资料不严
   【答案】A
   【解析】选项 B、选项 D 属于管理风险,选项 C 属于技术风险。

25. 以下表述中,错误的是( )。
   A. 证券投资顾问业务是证券投资咨询业务的一种基本形式
   B. 发布证券研究报告是指证券公司、证券投资咨询机构对证券及证券相关产品的价值、市场走势或者相关影响因素进行分析,形成证券估值、投资评级等投资分析意见,制作证券研究报告,并向客户发布研究报告的行为
   C. 证券投资顾问基于独立、客观的立场,向客户提供收益最高的证券投资建议
   D. 证券投资咨询业务包括证券投资顾问业务及发布证券研究报告
   【答案】C
   【解析】证券投资顾问基于特定的立场,遵循重视客户利益原则,向客户提供适当的证券投资建议。

26. 下列关于申请证券投资咨询从业资格的机构应当具备的条件的说法，正确的是(　　)。

　　A. 至少有 5 名高级管理人员取得证券投资咨询从业资格

　　B. 有 20 名以上取得证券投资咨询从业资格的专职人员

　　C. 有固定的业务场所和与业务相适应的通信及其他信息传递设施

　　D. 有 1000 万元人民币以上的注册资本

【答案】C

【解析】选项 A 应为高级管理人员中，至少有 1 名取得证券投资咨询从业资格；选项 B 应为有 5 名以上取得证券投资咨询从业资格的专职人员；选项 D 应为有 100 万元人民币以上的注册资本。

27. 根据《证券投资顾问业务暂行规定》，向客户提供证券投资顾问服务的人员，应当符合相关从业条件，并应当在(　　)注册登记为证券投资顾问。

　　A. 中国证券业协会　　　　　B. 中国结算公司

　　C. 中国证监会　　　　　　　D. 证券交易所

【答案】A

【解析】依据 2020 年最新修订的《证券投资顾问业务暂行规定》，中国证券业协会负责证券投资顾问的注册登记。

28. 证券研究报告可以使用的信息来源不包括(　　)。

　　A. 上市公司按照法定信息披露义务通过指定媒体公开披露的信息

　　B. 上市公司通过股东大会、新闻发布会、产品推介会等非正式公告方式发布的信息

　　C. 经公众媒体报道的上市公司及其子公司的其他相关信息

　　D. 证券公司通过市场调查，从上市公司及其子公司、供应商等处获取的内幕信息

【答案】D

【解析】证券公司通过市场调查，从上市公司及其子公司、供应商等处获取的信息，但内幕信息和未公开的重大信息除外。

29. 根据《发布证券研究报告暂行规定》，证券公司、证券投资咨询机

构发布对具体股票作出明确估值和投资评级的证券研究报告时，公司持有该股票达到相关上市公司已发行股份1%以上的，在证券研究报告的（　　），不得进行与证券研究报告观点相反的交易。

A. 发布日之前一交易日　　　　B. 发布日及第二个交易日
C. 自发布之日起三个交易日内　D. 自发布之日起五个交易日内

【答案】B

【解析】题干所述情形，在证券研究报告的发布日及第二个交易日，不得进行与证券研究报告观点相反的交易。

30. 担任发行人股票首次公开发行的保荐机构，自确定并公告发行价格之日起（　　）日内，不得发布与该发行人有关的证券研究报告。

A. 40　　　　B. 30　　　　C. 15　　　　D. 10

【答案】A

【解析】担任发行人股票首次公开发行的保荐机构、主承销商或者财务顾问，自确定并公告发行价格之日起40日内，不得发布与该发行人有关的证券研究报告。

31. 关于发布证券研究报告的静默期安排，下列说法不正确的是（　　）。

A. 担任发行人股票首次公开发行的保荐机构、主承销商或者财务顾问，自确定并公告发行价格之日起40日内，不得发布与该发行人有关的证券研究报告

B. 担任上市公司股票增发、配股、发行可转换公司债券等再融资项目的保荐机构、主承销商或者财务顾问，自确定并公告公开发行价格之日起20日内，不得发布与该上市公司有关的证券研究报告

C. 担任上市公司并购重组财务顾问，在证券公司、证券投资咨询机构的合规部门将该上市公司列入相关限制名单期间，按照合规管理要求限制发布与该上市公司有关的证券研究报告

D. 证券公司、证券投资咨询机构的证券分析师因公司业务需要，阶段性参与公司承销保荐、财务顾问等业务项目，撰写投资价值研究报告或者提供行业研究支持的，应当履行公司内部跨越隔离墙审批程序

【答案】B

【解析】 选项 B 增发、配股、发行可转债等再融资项目的静默期时间为 10 日内。

32. 证券公司、证券投资咨询机构的研究部门或者研究子公司接受特定客户委托，按照协议约定就尚未覆盖的具体股票提供含有证券估值或投资评级的研究成果或者投资分析意见的，自提供之日起(　　)内不得就该股票发布证券研究报告。

A. 40 日　　　　B. 60 日　　　　C. 3 个月　　　　D. 6 个月

【答案】 D

【解析】 题干所述情形自提供之日起 6 个月内不得就该股票发布证券研究报告。

33. 证券投资顾问服务协议应当约定，自签订协议之日起(　　)个工作日内，客户可以书面通知方式提出解除协议。

A. 3　　　　B. 5　　　　C. 7　　　　D. 10

【答案】 B

【解析】 证券投资顾问服务协议约定，自签订协议之日起 5 个工作日内，客户可以书面通知方式提出解除协议。

34. 下列关于证券公司开展证券投资顾问业务说法，不正确的是(　　)。

A. 证券投资顾问向客户提供投资建议，知悉客户作出具体投资决策计划的，不得向他人泄露该客户的投资决策计划信息

B. 证券公司从事证券投资顾问业务，应当建立客户回访机制，明确客户回访的程序、内容和要求，并指定专门人员独立实施

C. 证券公司从事证券投资顾问业务，应当建立客户投诉处理机制，及时、妥善处理客户投诉事项

D. 不鼓励证券投资顾问向客户说明与其投资建议不一致的观点，作为辅助客户评估投资风险的参考

【答案】 D

【解析】 鼓励证券投资顾问向客户说明与其投资建议不一致的观点。

35. 证券公司、证券投资咨询机构通过具备讲座、报告会、分析会等形式，进行证券投资顾问业务推广和客户招揽的，应提前( )个工作日向举办地证监局备案。

A. 2   B. 3   C. 5   D. 10

【答案】C

【解析】题干所述情形应提前5个工作日向举办地证监局备案。

36. 关于证券投资咨询基本原则的说法，不正确的是( )。

A. 被动知悉内幕消息，可以向客户或投资者提供分析、预测或建议

B. 预测证券市场、证券品种的走势或者就投资证券的可行性进行建议时需有充分的理由和依据，不得主观臆断

C. 证券投资分析报告、投资分析文章等形式的咨询服务产品不得有建议投资者在具体证券品种上进行具体价位买卖等方面的内容

D. 证券投资咨询机构及其执业人员有权拒绝媒体对其所提供的稿件进行断章取义、做有损原意的删节和修改，并自提供之日起将其稿件以书面形式保存3年

【答案】A

【解析】不得以虚假信息、内幕信息或者市场传言为依据，向客户或投资者提供分析、预测或建议。

37. 以下表述中，错误的是( )。

A. "荐股软件"能够提供设计具体证券投资品种的投资分析意见

B. 向投资者销售或者提供"荐股软件"，并直接或间接获取经济利益的，属于从事证券投资咨询业务，应当经中国证监会许可

C. "荐股软件"不能向投资者提供具体证券投资品种的买卖时机建议

D. 证券投资咨询机构利用"荐股软件"从事证券投资咨询业务，不得误导、欺诈客户，不得损害客户利益

【答案】C

【解析】"荐股软件"能够向投资者提供具体证券投资品种的买卖时机建议。

38. 向投资者销售或者提供"荐股软件"，并直接或者间接获取经济利

益的，应当经中国证监会许可，取得(　　)资格。

　　A. 承销与保荐业务　　　　　　B. 证券经纪业务

　　C. 证券投资咨询业务　　　　　D. 一般证券业务

【答案】C

【解析】向投资者销售或者提供"荐股软件"，应当取得证券投资咨询业务资格。

39. 下列证券投资咨询机构利用"荐股软件"从事证券投资咨询业务的做法，错误的是(　　)。

　　A. 自行开展产品销售、协议签订等业务环节

　　B. 委托无证券投资咨询业务资格的机构和个人代理客户回访

　　C. 自行开展服务，提供投诉处理等业务环节

　　D. 对"荐股软件"产品进行分类分级，销售给适当的客户

【答案】B

【解析】产品销售、协议签订、服务提供、客户回访、投诉处理等业务环节均应当自行开展，不得委托未取得证券投资咨询业务资格的机构和个人代理。

40. 证券公司转发香港机构发布的港股研究报告，应当对该香港机构进行审查，确保其经(　　)批准取得就证券提供意见牌照，并具有发布证券研究报告业务经验。

　　A. 香港证监会　　　　　　　　B. 中国证监会

　　C. 证券交易所　　　　　　　　D. 中国证券业协会

【答案】A

【解析】香港机构应当经香港证监会批准取得相关牌照。

41. 甲证券公司是内地证券基金经营机构，在使用港股投资顾问服务的过程中，不符合业务规范的是(　　)。

　　A. 甲证券公司委托提供港股投资顾问服务的香港机构直接执行投资指令

　　B. 甲证券公司与提供港股投资顾问服务的香港机构签订协议

　　C. 甲证券公司在招募说明书中如实披露使用港股投资顾问服务的情况

D. 甲证券公司对使用港股通投资顾问服务的情况实行留痕管理，并以电子方式存储

【答案】A

【解析】证券基金经营机构应当履行主动管理职责，自主作出投资决策，不得委托提供港股投资顾问服务的香港机构直接执行投资指令。

42. 对证券投资咨询人员执业行为的总体要求不包括(　　)。

A. 完整、客观、准确地运用有关信息、资料

B. 规范在传播媒体上发表投资咨询文章、报告、意见

C. 引用有关信息、资料时严格保密，不得注明出处和著作权人

D. 谨慎、诚实、勤勉尽责

【答案】C

【解析】证券投资咨询机构及其投资咨询人员引用有关信息资料时，应当注明出处和著作权人。

43. 下列关于证券分析师的说法，不正确的是(　　)。

A. 证券分析师是与证券公司、证券投资咨询机构签订劳动合同，并在中国证券业协会登记为证券分析师的人员

B. 证券分析师只能与一家证券公司、证券投资咨询机构签订劳动合同

C. 证券分析师不得在公司内部或外部兼任有损其独立性与客观性的其他职务，但不包括担任上市公司的独立董事

D. 证券分析师的配偶、子女、父母担任其做研究覆盖的上市公司的董事，监事，高级管理人员的，证券分析师应当按照公司规定进行执业回避，或者在证券研究报告中对上述事实进行披露

【答案】C

【解析】证券分析师不得兼职的情况，包括担任上市公司的独立董事。

44. 上市公司并购重组财务顾问的职责不包括(　　)。

A. 向中国证监会报送有关并购重组的申报材料

B. 持续督导委托人依法履行相关义务

C. 对委托人进行证券市场规范化运作的辅导

D. 就并购重组事项出具盈利预测报告

【答案】D

【解析】并购重组财务顾问的职责不包括出具盈利预测报告。

45. 财务顾问接受委托的,应当指定(　　)名财务顾问主办人负责,同时,可以安排(　　)名项目协办人参与。

A. 1;1　　　　B. 1;2　　　　C. 2;1　　　　D. 2;2

【答案】C

【解析】财务顾问接受委托的,应当指定 2 名财务顾问主办人负责,同时,可以安排 1 名项目协办人参与。

46. 财务顾问将申报文件报中国证监会审核期间,委托人和财务顾问终止委托协议的,财务顾问和委托人应当自终止之日起(　　)个工作日内向中国证监会报告,申请撤回申报文件,并说明原因。

A. 1　　　　B. 5　　　　C. 10　　　　D. 20

【答案】B

【解析】题干所述情形,财务顾问和委托人应当自终止之日起 5 个工作日内向中国证监会报告。

47. 根据《上市公司并购重组财务顾问业务管理办法》规定,依法对财务顾问主办人自律管理的机构是(　　)。

A. 中国证监会　　　　　　B. 中国证券业协会
C. 证券登记结算公司　　　D. 沪深证券交易所

【答案】B

【解析】中国证券业协会依法对财务顾问及其财务顾问主办人进行自律管理。

48. 《证券发行与承销管理办法》属于(　　)层级。

A. 法律　　　　　　　　B. 行政法规
C. 部门规章　　　　　　D. 自律性规则

【答案】C

【解析】《证券发行与承销管理办法》属于部门规章。

49. 发行人可以就( )事项聘请保荐机构履行保荐职责。
   A. 首次公开发行股票并上市　　B. 上市公司并购重组
   C. 重大资产重组　　　　　　　D. 破产清算
   【答案】A
   【解析】发行人需要聘请保荐机构的事项：首次公开发行股票；上市公司发行新股、可转换公司债券；公开发行存托凭证；中国证监会认定的其他情形。

50. 以下关于证券发行保荐业务的说法中，错误的是( )。
   A. 同次发行的证券（股票类），其发行保荐和上市保荐应当由同一保荐机构承担
   B. 保荐机构依法对发行人申请文件、股票和可转换公司债券发行募集文件进行核查
   C. 保荐机构应当保证所出具的文件真实、准确、完整
   D. 证券（股票类）发行的主承销商只能由该保荐机构担任
   【答案】D
   【解析】证券（股票类）发行的主承销商可以由该保荐机构担任，也可以由其他具有保荐机构资格的证券公司与该保荐机构共同担任。

51. 根据规定，证券发行规模达到一定数量的，可以采用联合保荐方式，但参与联合保荐的保荐机构不得超过( )家。
   A. 2　　　　B. 3　　　　C. 5　　　　D. 10
   【答案】A
   【解析】证券发行规模达到一定数量的，可以采用联合保荐方式，但参与联合保荐的保荐机构不得超过 2 家。

52. 《公司债券发行与交易管理办法》所称合格投资者是指净资产不低于人民币( )万元的企事业单位法人、合伙企业。
   A. 3000　　　B. 2000　　　C. 1000　　　D. 500
   【答案】C
   【解析】净资产不低于人民币 1000 万元的企事业单位法人、合伙企业为《公司债券发行与交易管理办法》所称合格投资者。

53. 关于金融债券的发行，下列说法不正确的有(   )。

A. 发行人不得认购或变相认购自己发行的金融债券

B. 发行人应在中国人民银行核准金融债券发行之日起 30 个工作日内开始发行金融债券，并在规定期限内完成发行

C. 金融债券定向发行的，经认购人同意，可免予信用评级，定向发行的金融债券只能在认购人之间进行转让

D. 金融债券发行结束后 10 个工作日内，应向中国人民银行书面报告金融债券发行情况

【答案】B

【解析】发行人应在中国人民银行核准金融债券发行之日起 60 个工作日内开始发行金融债券，并在规定期限内完成发行。

54. 企业发行债务融资工具应在(   )注册。

A. 中国人民银行

B. 中国银行间同业拆借中心

C. 中国银行间市场交易商协会

D. 中央国债登记结算有限责任公司

【答案】C

【解析】企业发行债务融资工具应在中国银行间市场交易商协会注册。

55. 下列关于首次公开发行股票的说法中，不正确的是(   )。

A. 发行人和主承销商在披露发行市盈率时，应同时披露发行市盈率的计算方式

B. 公告的发行价格市盈率低于同行业上市公司二级市场平均市盈率，发行人和主承销商应当特别公告，提示给投资者带来损失的风险

C. 存在多个市盈率口径时，应当充分列示可供选择的比较基准，并应当按照审慎、充分提示风险的原则选取和披露行业平均市盈率

D. 发行人还可以同时披露市净率等反映发行人所在行业特点的估值指标

【答案】B

【解析】公告的发行价格市盈率高于同行业上市公司二级市场平均市盈率，发行人和主承销商应当在披露发行价格的同时，在风险提示特别公告

中明示该定价可能存在价值过高，给投资者带来损失的风险。

56. 下列关于创业板首次公开发行证券，发行与承销信息披露的说法，不正确的是(　　)。

A. 首次公开发行证券采用询价方式的，发行人和主承销商，在符合相关规定的前提下，可以协商设置参与询价的网下投资者具体条件，并在发行公告中披露

B. 发行人的高级管理人员与核心员工可以通过设立资产管理计划，参与本次发行战略配售

C. 发行人的高级管理人员与核心员工参与战略配售的，应当经发行人股东大会审议通过

D. 发行人的高级管理人员与核心员工参与战略配售的，应当在招股说明书中披露参与人员的姓名、担任职务、参与比例等事项

【答案】C

【解析】发行人的高级管理人员与核心员工参与战略配售的，应当经发行人董事会审议通过。

57. 金融债券存续期间，发行人应于每年(　　)前向投资者披露年度报告。

A. 1月1日　　B. 4月1日　　C. 4月30日　　D. 5月1日

【答案】C

【解析】金融债券存续期间，发行人应于每年4月30日前向投资者披露年度报告。

58. 金融债券存续期间，发行人应于每年(　　)前披露债券跟踪信用评级报告。

A. 3月31日　　B. 4月30日　　C. 5月31日　　D. 7月31日

【答案】D

【解析】金融债券存续期间，发行人应于每年7月31日前披露债券跟踪信用评级报告。

59. 关于证券公司发行与承销业务的内部控制组织体系的表述，不正确

的是( )。

A. 项目组业务部门为内部控制的第一道防线，应当诚实守信，勤勉尽责开展执业活动

B. 质量控制为内部控制的第二道防线，应当对发行与承销业务风险实施过程管理和控制、及时发现、制止和纠正项目执行过程中的问题

C. 内核、合规、风险管理等部门或机构为内部控制的第三道防线，应当通过介入主要业务环节，把控关键风险节点，实现公司层面对发行与承销业务风险的整体管控

D. 证券公司董事会为内部控制的第三道防线，通过介入主要业务环节，把控关键风险节点，实现公司层面对发行与承销业务风险的整体管控

【答案】D

【解析】内核、合规、风险管理等部门或机构为内部控制的第三道防线，选项 C 正确，选项 D 错误。

60. 根据《证券公司投资银行类业务内部控制指引》的要求，投资银行类业务专职内部控制人员数量不得低于投资银行类业务人员总数的( )。

A. 1/10　　　B. 1/20　　　C. 1/5　　　D. 15%

【答案】A

【解析】投资银行类业务专职内部控制人员数量不得低于投资银行类业务人员总数的 1/10。

61. 下列关于证券公司内核会议的具体规则和表决机制说法，不正确的是( )。

A. 内核审议应当重点关注审议项目是否符合法律法规、规范性文件和自律规则的相关要求，尽职调查是否勤勉尽责

B. 内核委员会应当以现场通信等会议方式履行职责，以投票方式作出审议

C. 同意对外提交报送出去或者披露材料和文件的决议，应当至少经1/2以上的参会内核委员表决通过

D. 内核审议发现审议项目存在问题和风险的，应提出书面反馈意见

【答案】C

【解析】同意对外提交报送出去或者披露材料和文件的决议，应当至少

经 2/3 以上的参会内核委员表决通过。

62. 根据企业债券发行实施注册制有关事项的通知，发行企业债券应当依法经( )注册。

  A. 中国证监会   B. 中国证券业协会

  C. 证券交易所   D. 国家发展改革委

【答案】D

【解析】国家发展改革委依法对企业债券的发行、托管、兑付、信息披露、募集资金使用等以及在证券交易所之外其他合法交易等相关事项进行监督管理。

63. 融资融券业务是指( )进行的证券交易中，证券公司向客户出借资金供其买入证券或者出借证券供其卖出，并由客户交存相应担保物的经营活动。

  A. 在证券交易所或者场外交易场所

  B. 仅在场外交易场所

  C. 在证券交易所或者国务院批准的其他证券交易场所

  D. 仅在证券交易所

【答案】C

【解析】融资融券业务需要在证券交易所或国务院批准的其他证券交易场所进行。

64. 证券公司开展融资融券业务必须经( )批准。

  A. 中国证监会   B. 证券交易所

  C. 省级人民政府   D. 中国证券业协会

【答案】A

【解析】证券公司开展融资融券业务，必须经中国证监会批准。

65. 证券公司( )负责制定融资融券合同的标准文本，确定对具体客户的授信额度。

  A. 业务执行部门   B. 业务决策机构

  C. 分支机构   D. 董事会

【答案】A

【解析】证券公司业务执行部门负责融资融券业务的具体管理和运作。

66. 用于存放证券公司拟向客户融出的资金及客户归还的资金的账户是(　　)。

　　A. 客户信用交易担保证券账户

　　B. 融券专用证券账户

　　C. 融资专用资金账户

　　D. 客户信用交易担保资金账户

【答案】C

【解析】融资专用资金账户用于存放证券公司拟向客户融出的资金及客户归还的资金。

67. 证券公司经营融资融券业务，在证券登记结算机构开立(　　)，用于记录客户委托证券公司持有、担保证券公司因向客户融资融券所生债权的证券。

　　A. 客户信用证券账户

　　B. 信用交易证券交收账户

　　C. 客户信用交易担保证券账户

　　D. 融券专用证券账户

【答案】C

【解析】客户信用交易担保证券账户用于记录客户委托证券公司持有、担保证券公司因向客户融资融券所生债权的证券。

68. 证券公司按照相关规定开立融券专用证券账户、客户信用交易担保证券账户、融资专用资金账户及客户信用交易担保资金账户后，应在开户后(　　)个交易日内报交易所备案。

　　A. 2　　　　　　B. 3　　　　　　C. 5　　　　　　D. 10

【答案】B

【解析】证券公司开好相关融资融券账户后，应在开户后3个交易日内报交易所备案。

第三章 证券公司业务规范

69. 客户用于 1 家证券交易所上市证券交易的信用证券账户（　　）。

　　A. 可以有多个　　　　　　　　B. 一般有 2 个

　　C. 至少有 1 个　　　　　　　　D. 只能有 1 个

【答案】D

【解析】客户用于 1 家证券交易所上市证券交易的信用证券账户只能有 1 个。

70. 证券公司不得向其股东融资融券，但不包括（　　）。

　　A. 持有证券公司 10% 以下股份的股东

　　B. 持有上市证券公司 5% 以下流通股份的股东

　　C. 持有上市证券公司 10% 以下流通股份的股东

　　D. 持有证券公司 5% 以下股份的股东

【答案】B

【解析】证券公司不得为本公司的股东、关联人开立信用业务账户，但不包括仅持有上市证券公司 5% 以下流通股份的股东。

71. 融资融券标的证券为股票的，应当符合的条件不包括（　　）。

　　A. 在交易所上市交易满 3 个月

　　B. 股东数不少于 1000 人

　　C. 股票发行公司已完成股份制改革

　　D. 股票交易未被交易所实行特别处理

【答案】B

【解析】选项 B 应为股东数不少于 4000 人。

72. 上证 180 指数成分股股票的折算率最高不超过（　　），其他股票折算率最高不超过（　　）。

　　A. 80%；75%　　　　　　　　B. 75%；70%

　　C. 70%；65%　　　　　　　　D. 65%；60%

【答案】C

【解析】上证 180 指数成分股股票的折算率最高不超过 70%，其他股票折算率最高不超过 65%。

73. 投资者融资买入证券时，融资保证金比例不得低于（　　）。

A. 120%　　　B. 100%　　　C. 80%　　　D. 50%

【答案】B

【解析】投资者融资买入证券时，融资保证金比例不得低于100%。

74. 维持担保比例超过规定时，客户可以提取保证金可用余额中的现金或冲抵保证金的有价证券，但提取后维持担保比例不得低于（　　）。

A. 150%　　　B. 200%　　　C. 250%　　　D. 300%

【答案】D

【解析】融资融券客户只能提取高于维持担保比例300%以上的部分。

75. 在融资融券交易中，客户融入证券后、归还证券前，证券发行人派发现金红利的，（　　）。

A. 证券公司将直接从证券发行人处获得该现金红利

B. 由融券客户直接享有

C. 由证券公司和融券客户根据双方约定处理

D. 融券客户应当向证券公司补偿对应金额的现金红利

【答案】D

【解析】客户融入证券后、归还证券前，证券发行人派发现金红利的，融券客户应当向证券公司补偿对应金额的现金。

76. 证券金融公司开展转融通业务，以自己的名义在证券登记结算机构开立的账户不包括（　　）。

A. 转融通专用证券账户　　　B. 转融通担保证券账户

C. 转融通证券交收账户　　　D. 转融通专用资金账户

【答案】D

【解析】转融通专用资金账户应当在商业银行开立。

77. 证券金融公司从事转融通业务的，转融通期限一般不得超过（　　）。

A. 1个月　　　B. 3个月　　　C. 6个月　　　D. 12个月

【答案】C

【解析】证券金融公司向证券公司转融通的期限不得超过 6 个月，自资金或者证券实际交付之日起算。

78. 证券金融公司开展转融通业务，应当向证券公司收取一定比例的保证金，保证金可以证券冲抵，但货币资金占应收取保证金的比例不得低于( )。

   A. 10%　　　　B. 15%　　　　C. 25%　　　　D. 50%

【答案】B

【解析】证券金融公司开展转融通业务收取证券公司的保证金，货币资金占比不应低于 15%。

79. 证券金融公司应当每年按照税后利润的( )提取风险准备金。

   A. 10%　　　　B. 15%　　　　C. 50%　　　　D. 100%

【答案】A

【解析】证券金融公司应当每年按照税后利润的 10% 提取风险准备金。

80. 下列有关科创板转融通证券出借和转融券业务相关制度安排的说法，不正确的是（ ）。

   A. 为促进融资融券业务均衡发展，引入更高效的多空平衡机制，提供市场流动性，制度安排上采取了一系列优化措施

   B. 科创板证券出借以及科创板转融券业务，均接受约定申报和非约定申报

   C. 上交所接受约定申报方式下出借人的出借申报时间为每个交易日的 9:15 至 11:30、13:00 至 15:00

   D. 通过约定申报方式参与科创板证券出借的，证券出借期限可在 1 天至 182 天的区间内协商确定

【答案】C

【解析】上交所接受约定申报方式下出借人的出借申报时间为每个交易日的 9:30 至 11:30、13:00 至 15:00。

81. 证券金融公司可根据借入人资信情况和转融通担保证券、资金明细账户的资产情况，按照一定的综合比例，确定对借入人开展科创板转融券

业务应收取的保证金。应收取的保证金比例可低于( )，其中货币资金占收取保证金的比例不得低于( )。

A. 20%；15% B. 25%；20%

C. 30%；15% D. 30%；20%

【答案】A

【解析】证券金融公司应收取的保证金比例可低于20%，其中货币资金占收取保证金的比例不得低于15%。

82. 约定购回式证券交易是指符合条件的客户以约定价格向其指定交易的证券公司卖出标的证券，并约定在未来某一日期客户按照另一约定价格从证券公司购回标的证券，除指定情形外，待购回期间标的证券所产生的相关权益于权益登记日( )的交易行为。

A. 划转给客户 B. 按双方约定的方式分配

C. 由证券公司保留 D. 由证券公司代客户行使

【答案】A

【解析】约定购回式证券交易除指定情形外，待购回期间标的证券所产生的相关权益于权益登记日划转给客户。

83. 股票质押式回购证券公司作为融出方的，单一证券公司接受单只A股股票质押的数量不得超过该股票A股股本的( )。

A. 15% B. 20% C. 25% D. 30%

【答案】D

【解析】证券公司作为融出方的，单一证券公司接受单只A股股票质押的数量不得超过该股票A股股本的30%。

84. 约定购回式业务，证券公司应当建立以( )为核心的约定购回式证券交易规模监控和调整机制。

A. 总资产 B. 净利润 C. 净资本 D. 注册资本

【答案】C

【解析】证券公司应当建立以净资本为核心的约定购回式证券交易规模监控和调整机制。

85. 央行票据属于"证券公司证券自营投资品种清单"中的(　　)。
   A. 已经在全国中小企业股份转让系统挂牌转让的证券
   B. 已经和依法可以在境内银行间市场交易的证券
   C. 经国家金融监督管理部门或者其授权机构依法批准或备案发行并在境内金融机构柜台交易的证券
   D. 已经和依法可以在境内证券交易所上市交易和转让的证券

【答案】B

【解析】已经和依法可以在境内银行间市场交易的证券包括政府债券、国际开发机构人民币债券、央行票据、金融债券、短期融资券、公司债券、中期票据、企业债券等。

86. 证券公司将自有资金投资于依法公开发行的国债，且投资规模合计不超过其净资本(　　)的，无须取得证券自营业务资格。
   A. 80%　　　　B. 70%　　　　C. 60%　　　　D. 50%

【答案】A

【解析】证券公司将自有资金投资于依法公开发行的国债、投资级公司债等中国证监会认可的风险较低、流动性较强的证券，或者委托其他证券公司或者基金管理公司进行证券投资管理，且投资规模合计不超过其净资本80%的，无须取得证券自营业务资格。

87. 根据《证券公司风险控制指标管理办法》规定，证券公司经营证券自营业务的，持有一种权益类证券的成本不得超过(　　)的30%。
   A. 总股本　　B. 净资本　　C. 净资产　　D. 总资产

【答案】B

【解析】证券公司经营证券自营业务的，持有一种权益类证券的成本不得超过净资本的30%。

88. 某证券公司从事证券自营业务，其自营固定收益类证券的合计额与净资本的比例为(　　)，这情形符合《证券公司风险控制指标管理办法》的相关规定。
   A. 600%　　　B. 1000%　　　C. 800%　　　D. 500%

【答案】D

【解析】证券公司经营证券自营业务，自营固定收益类证券的合计额不得超过净资本的500%。

89. 债券交易人员薪酬与激励合计超过100万元人民币的，超过部分应按照等分原则递延发放，周期不少于( )。

A. 6个月　　　B. 12个月　　　C. 2年　　　D. 3年

【答案】C

【解析】债券交易人员薪酬与激励合计超过100万元人民币的，超过部分应按照等分原则递延发放，周期不少于2年。

90. 证券公司从事自营业务，应当以公司名义开立证券自营账户，并报( )备案。

A. 国务院　　　　　　　　B. 财政部

C. 中国证监会　　　　　　D. 中国人民银行

【答案】C

【解析】证券公司从事自营业务，应当向中国证监会备案。

91. 证券公司的证券自营账户，应当自开户之日起( )个交易日内报证券交易所备案。

A. 1　　　B. 3　　　C. 5　　　D. 10

【答案】B

【解析】证券公司的证券自营账户，应当自开户之日起3个交易日内报证券交易所备案。

92. ( )对资产管理业务做了基础性法律规定。

A. 《证券投资基金法》

B. 《证券公司监督管理条例》

C. 《证券法》

D. 《关于规范金融机构资产管理业务的指导意见》

【答案】A

【解析】《证券投资基金法》对资产管理业务做了基础性法律规定。

93. 下列关于资产管理产品的分类，错误的是（　　）。

A. 按照募集方式的不同，分为公募产品和私募产品

B. 按照投资性质不同，分为固定收益类产品、权益类产品、商品及金融衍生品类产品和混合类产品

C. 私募资产管理产品按照投资者人数不同，可分为单一资产管理产品、集合资产管理产品

D. 按照投资对象不同，分为定向资产管理产品和不定向资产管理产品

【答案】D

【解析】资产管理产品没有按投资对象划分的明确表述。

94. 权益类资产管理产品投资于股票、非上市企业股权等权益类资产的比例不低于（　　）。

A. 60%　　　　B. 70%　　　　C. 80%　　　　D. 90%

【答案】C

【解析】权益类资产管理产品投资于权益类资产的比例不低于80%。

95. 证券期货经营机构从事私募资产管理业务，应当依法经（　　）批准。

A. 中国证监会　　　　　　B. 期货业协会

C. 证券业协会　　　　　　D. 基金业协会

【答案】A

【解析】证券期货经营机构从事私募资产管理业务，应当依法经中国证监会批准。

96. 证券公司开展私募资产管理业务，应当具备符合条件的高级管理人员和（　　）名以上投资经理。

A. 2　　　　B. 3　　　　C. 4　　　　D. 5

【答案】B

【解析】证券公司开展私募资产管理业务，应当具备3名以上投资经理。

97. 集合资产管理计划的初始募集期自资产管理计划份额发售之日起不

得超过( )天。

  A. 10   B. 30   C. 60   D. 90

【答案】C

【解析】集合资产管理计划的初始募集期自资产管理计划份额发售之日起不得超过 60 天。

98. 证券公司以自有资金参与单个集合资产管理计划的份额，不得超过该计划总份额的( )。

  A. 50%   B. 80%   C. 20%   D. 35%

【答案】C

【解析】证券公司以自有资金参与单个集合资产管理计划的份额，不得超过该计划总份额的 20%。证券公司及其附属机构以自有资金参与单个集合资产管理计划的份额，不得超过该计划总份额的 50%。

99. 下列关于资产管理计划运作期间信息披露的说法，不正确的是( )。

  A. 投资标准化资产的资产管理计划至少每周披露一次净值，投资非标准化资产的资产管理计划至少每月披露一次净值

  B. 开放式资产管理计划净值的披露频率不得低于资产管理计划的开放频率，分级资产管理计划应当披露各类别份额净值

  C. 每季度结束之日起 1 个月内披露季度报告，每年度结束之日起 4 个月内披露年度报告

  D. 发生资产管理合同约定的或者可能影响投资者利益的重大事项时，在事项发生之日起 5 日内向投资者披露

【答案】A

【解析】投资非标准化资产的资产管理计划至少每季度披露一次净值。

100. 金融机构开展资产管理业务，下列规定中，不符合要求的是( )。

  A. 对资产管理产品的资金综合管理、综合建账、综合核算

  B. 不得开展或者参与具有滚动发行的资金池业务

  C. 金融机构应当合理确定资产管理产品所投资资产的期限，加强对期

限错配的流动性风险管理

D. 资产管理产品直接或间接投资于未上市企业股权及其收益权的，应当为封闭式资产管理产品

【答案】A

【解析】金融机构应当做到对每只资产管理产品的资金单独管理、单独建账、单独核算。

101. 如果偏离5%以上的产品数超过所发行产品总数的(　　)，金融机构不得再发行以摊余成本计量金融资产的资产管理产品。

A. 3%　　　　B. 5%　　　　C. 7%　　　　D. 10%

【答案】B

【解析】如果偏离5%以上的产品数超过所发行产品总数的5%，金融机构不得再发行以摊余成本计量金融资产的资产管理产品。

102. 下列说法中，错误的是(　　)。

A. 资产管理产品的发行人或者管理人违反真实公允确定净值原则，对产品进行保本保收益，视为刚性兑付

B. 资产管理产品的发行人或者管理人采取滚动发行等方式，实现产品保本保收益的，视为刚性兑付

C. 资产管理产品不能如期兑付或者兑付困难时，发行或者管理该产品的金融机构自行筹集资金偿付或者委托其他机构代为偿付，不应视为刚性兑付

D. 经认定存在刚性兑付行为的，应该区分存款类金融机构和非存款类持牌金融机构进行惩处

【答案】C

【解析】选项C所述情形应视为刚性兑付。

103. 分级私募产品应当根据所投资资产的风险程度设定分级比例，权益类产品的分级比例不得超过(　　)。

A. 1∶1　　　　B. 2∶1　　　　C. 3∶1　　　　D. 4∶1

【答案】A

【解析】分级私募产品应当根据所投资资产的风险程度设定分级比例，

权益类产品的分级比例不得超过1：1，固定收益类产品的分级比例不得超过3：1。

104. 关于金融机构资产管理产品投资，下列说法不正确的是(　　)。

A. 金融机构不得为其他金融机构的资产管理产品提供规避投资范围、杠杆约束等监管要求的通道服务

B. 资产管理产品可以再投资一层资产管理产品，但所投资的资产管理产品不得再投资其他资产管理产品

C. 金融机构将资产管理产品投资于其他机构发行的资产管理产品，从而将本机构的资产管理产品资金委托给其他机构进行投资的，该受托机构应当为具有专业投资能力和资质的受金融监督管理部门监管的机构

D. 委托机构应当对受托机构开展尽职调查，实行名单制管理，明确规定受托机构的准入标准和程序、责任和义务

【答案】B

【解析】资产管理产品可以再投资一层资产管理产品，但所投资的资产管理产品不得再投资公募证券投资基金以外的资产管理产品。

105. 有关运用人工智能技术开展投资顾问业务的说法中，错误的是(　　)。

A. 金融机构应当向金融监督管理部门报备人工智能模型的主要参数以及资产配置的主要逻辑，为投资者单独设立智能管理账户，充分提示人工智能算法的固有缺陷和使用风险，明晰交易流程，强化留痕管理，严格监控智能管理账户的交易头寸、风险限额、交易种类、价格权限等

B. 金融机构应当根据不同产品投资策略研发对应的人工智能算法或者程序化交易，避免算法同质化加剧投资行为的顺周期性

C. 金融机构运用人工智能技术开展资产管理业务应当严格遵守意见有关投资者适当性、投资范围、信息披露、风险隔离等一般性规定，不得借助人工智能业务夸大宣传资产管理产品或者误导投资者

D. 非金融机构可以借助智能投资顾问超范围经营或者变相开展资产管理业务

【答案】D

【解析】非金融机构不得借助智能投资顾问超范围经营或者变相开展资

产管理业务。

106. 根据《操作指引》的规定，连续( )个工作日投资者不足 200 人或者资产净值低于 5000 万元的存量大集合产品，应当在过渡期内逐步转为私募资产管理计划。

  A. 20   B. 30   C. 60   D. 90

【答案】C

【解析】题干所述适用连续 60 个工作日符合相关条件的大集合产品。

107. 根据《证券公司及基金管理公司子公司资产证券化业务管理规定》管理人应为( )的利益管理专项计划资产。

  A. 中介机构   B. 原始权益人

  C. 托管人   D. 资产支持证券投资者

【答案】D

【解析】资产证券化业务的管理人应为资产支持证券投资者的利益管理专项计划资产。

108. 资产证券化业务中，专项计划设立失败的，管理人应当自发行期结束之日起( )个工作日内，向投资者退还认购资金及利息。

  A. 3   B. 5   C. 7   D. 10

【答案】D

【解析】专项计划设立失败的，管理人应当自发行期结束之日起 10 个工作日内，向投资者退还认购资金及利息。

109. 资产支持证券仅限于在合格投资者范围转让，转让后，持有资产支持证券的合格投资者合计不得超过( )人。

  A. 50   B. 100   C. 200   D. 1000

【答案】C

【解析】转让后，持有资产支持证券的合格投资者合计不得超过 200 人。

110. 关于资产支持证券，下列说法中错误的是( )。

A. 资产支持证券是投资者享有专项计划权益的证明，可以依法继承、交易、转让，但是不能出质

B. 资产支持证券投资者不得主张分割专项计划资产，不得要求专项计划回购资产支持证券

C. 资产支持证券投资者享有根据证券交易场所相关规则，通过回购进行融资的权利

D. 年度资产管理报告、年度托管报告应当由管理人向中国证券投资基金业协会报告，同时抄送对管理人有辖区监管权的中国证监会派出机构

【答案】A

【解析】资产支持证券可以出质。

111. 下列(　　)包括在资产证券化基础资产负面清单中。

A. 矿产资源开采收益权、土地出让收益权等产生现金流的能力具有稳定性的资产

B. 当地政府证明已列入国家保障房计划并已开工建设的项目

C. 可以直接产生现金流的基础资产

D. 因空置原因不能产生稳定现金流的不动产租金债权

【答案】D

【解析】因空置原因不能产生稳定现金流的不动产租金债权，在资产证券化基础资产负面清单中。

112. 下列关于合格境外机构投资者境内托管人的说法，不正确的是(　　)。

A. 托管人资格应经中国证监会和国家外汇管理局审批

B. 实收资本不少于80亿元人民币

C. 具备外汇指定银行资格和经营人民币业务资格

D. 外资商业银行境内分行在境内持续经营三年以上，可申请成为托管人，其实收资本数额条件按其境内分行的计算

【答案】D

【解析】外资商业银行境内分行申请成为托管人，其实收资本数额条件按其境外总行的计算。

113. 以下有关合格境内机构投资者的说法，错误的是(　　)。

A. 合格境内投资者应当依照有关规定向国家外汇管理局申请经营外汇业务资格

B. 合格境内机构投资者开展境外证券投资业务，应当由境内资产托管机构负责资产托管业务，可以委托境外证券服务机构代理买卖证券

C. 担任合格境内机构投资者的境外投资顾问需要经营投资管理业务达5年以上，最近一个会计年度管理的证券资产不少于100亿美元或等值货币

D. 应先向国家外汇管理局申请并获得境外证券投资额度后，向中国证监会申请境外证券投资业务许可文件

【答案】D

【解析】境内机构投资者在获得中国证监会颁发的境外证券投资业务许可文件后，应按照有关规定向国家外汇管理局申请境外证券投资额度，并在国家外汇管理局核准的境外证券投资额度内进行投资。

114. 下列关于全国股转系统的表述，不正确的是(　　)。

A. 全国股转系统实行主办券商制度，主办券商应当对所推荐的挂牌公司履行持续督导义务

B. 全国股转系统实行投资者适当性管理制度，投资者应当具备一定的证券投资经验和相应的风险识别和承担能力，自行承担投资风险

C. 全国股转系统设置基础层、创新层和精选层，符合不同条件的挂牌公司分别纳入不同市场层级管理

D. 全国股转公司对挂牌公司所属市场层级实行定期调整机制

【答案】D

【解析】全国股转系统对挂牌公司所属市场层级实行定期和即时调整机制。

115. 符合中国证监会、证券交易所和全国股转公司有关规定的(　　)挂牌公司可以直接向证券交易所申请上市交易。

A. 基础层　　B. 创新层　　C. 精选层　　D. 成熟层

【答案】C

【解析】符合有关规定的精选层挂牌公司可以直接向证券交易所申请上市交易。

116. 精选层挂牌公司高级管理人员、核心员工参与战略配售取得的股票，自在精选层挂牌之日起(　　)个月内不得转让或者委托他人代为管理，其他投资者参与战略配售取得的股票，自在精选层挂牌之日起(　　)个月内不得转让或者委托他人代为管理。

　　A. 36；12　　　　B. 36；24　　　　C. 24；12　　　　D. 12；6

【答案】D

【解析】高级管理人员、核心员工参与战略配售取得的股票，自在精选层挂牌之日起12个月内不得转让或者委托他人代为管理，其他投资者限制期限为6个月。

117. 非上市公众公司股东大会就公开发行股票事项作出决议，公司股东人数超过200人的，应当对出席会议的持股比例在(　　)%以下的股东表决情况单独计票并予以披露。

　　A. 1　　　　　B. 5　　　　　C. 10　　　　　D. 20

【答案】C

【解析】题干所述情况应当对出席会议的持股比例在10%以下的股东表决情况单独计票并予以披露。

118. 下列关于全国股转系统挂牌公司募集资金使用的说法，不正确的是(　　)。

　　A. 发行人募集资金应当存放于募集资金专用账户，该账户不得存放非募集资金或用作其他用途

　　B. 暂时闲置的募集资金可以投资于安全性高、流动性好、可以保障投资本金安全的理财产品

　　C. 除金融类企业外，募集资金不得用于持有交易性金融资产、其他权益工具投资、其他债权投资，或借予他人委托理财等财务性投资

　　D. 发行人董事会应当每年对募集资金使用情况进行自查，出具自查报告

【答案】D

【解析】发行人董事会应当每半年对募集资金使用情况进行自查，出具自查报告，并在披露年度报告及中期报告时一并披露。

119. 非上市公众公司股东大会就定向发行事项作出决议，应当明确授权董事会办理定向发行有关事项的有效期，有效期最长不超过(　　)。

A. 3 个月　　　B. 6 个月　　　C. 12 个月　　　D. 24 个月

【答案】C

【解析】股东大会授权董事会办理定向发行有关事项的决议有效期最长不超过 12 个月。

120. 非上市公众公司定向发行超过 200 人的，应当报中国证监会核准。中国证监会受理申请文件后，依法对公司治理和信息披露进行审核，在(　　)个工作日内作出核准、中止审核、终止审核、不予核准的决定。

A. 5　　　B. 10　　　C. 20　　　D. 30

【答案】C

【解析】中国证监会受理申请文件后，依法对公司治理和信息披露进行审核，在 20 个工作日内作出核准、中止审核、终止审核、不予核准的决定。

121. 非上市公众公司重大资产重组涉及发行股份的，特定对象以资产认购而取得的公众公司股份，自股份发行结束之日起(　　)个月内不得转让。

A. 24　　　B. 12　　　C. 36　　　D. 6

【答案】D

【解析】特定对象以资产认购而取得的公众公司股份，自股份发行结束之日起 6 个月内不得转让。

122. 非上市公众公司收购中，通过协议方式，投资者及其一致行动人在公众公司中拥有权益的股份拟达到或者超过公众公司已发行股份的 10%。投资者及其一致行动人应当履行的义务不包括(　　)。

A. 在该事实发生之日起 2 日内编制并披露权益变动报告书

B. 报送全国股份转让系统，通知该公众公司

C. 报送证券交易所及证监会

D. 自该事实发生之日起至披露后 2 日内，不得再行买卖该公众公司的股票

【答案】C

【解析】题干所述情形，投资者及其一致行动人应当在该事实发生之日起 2 日内，编制并披露权益变动报告书，报送全国股转系统，同时通知该公众公司；自该事实发生之日起至披露后 2 日内，不得再行买卖该公众公司的股票。

123. 在非上市公众公司收购中，关于以要约方式收购公众公司股份，下列说法不正确的是(   )。

A. 收购人自愿以要约方式收购公众公司股份的，其预定收购的股份比例不得低于该公众公司已发行股份的 10%

B. 向公司全体股东发出全面要约收购的，对同一种类股票的要约价格不得低于要约收购报告书披露日前 6 个月内取得该种股票所支付的最高价格

C. 要约收购需要取得国家相关部门批准的，收购人应当在要约收购报告书中进行明确说明

D. 收购人可以采用现金、证券、现金与证券相结合等方式，支付收购公众公司的价款

【答案】A

【解析】收购人自愿以要约方式收购公众公司股份的，其预定收购的股份比例不得低于该公众公司已发行股份的 5%。

124. 非上市公众公司要约收购约定的收购期不得少于(   )日，并不得超过(   )日，但出现竞争要约的除外。

A. 20；60　　B. 20；90　　C. 30；60　　D. 30；90

【答案】C

【解析】收购要约约定的收购期不得少于 30 日，并不得超过 60 日。

125. 全国股转系统采取做市转让的股票，至少应有(   )家做市商为其提供做市报价服务。

A. 1　　B. 2　　C. 3　　D. 4

【答案】B

【解析】采取做市交易方式的股票，应当由 2 家以上做市商为其提供做市报价服务。

126. 会计师事务所、律师事务所、其他证券服务机构及其工作人员违反业务规则、全国股份转让系统公司其他相关业务规定的，全国股份转让系统公司视情节轻重给予( )处分，并记入证券期货市场诚信档案数据库。

　　A. 通报批评；公开谴责
　　B. 通报批评；公开谴责；认定其不适合担任公司董事、监事、高级管理人员
　　C. 通报批评；公开谴责；限制、暂停直至终止其从事相关业务
　　D. 通报批评；公开谴责；责令整改

【答案】A

【解析】根据《业务规则》规定，对会计师事务所、律师事务所、其他证券服务机构的处分，只有通报批评，公开谴责。

127. 监管对象不服全国股份转让系统公司作出的纪律处分决定的，可自收到处分通知之日起( )个工作日内向全国股份转让系统公司申请复核，复核期间该处分决定不停止执行。

　　A. 5　　　　B. 10　　　　C. 15　　　　D. 20

【答案】C

【解析】监管对象不服全国股份转让系统公司纪律处分的，可自收到处分通知之日起15个工作日内申请复核。

128. 非上市公众公司向不符合《非上市公众公司监督管理办法》规定条件的投资者发行股票的，中国证监会可以责令改正，并可以自确认之日起( )个月内不受理其申请。

　　A. 36　　　　B. 24　　　　C. 6　　　　D. 12

【答案】A

【解析】题干所述情形，可以自确认之日起36个月内不受理其申请。

129. ( )是指证券公司为与特定交易对手方在集中交易场所之外进行交易或为投资者在集中交易场所之外进行交易提供服务的场所或平台。

　　A. 证券公司柜台交易　　　　B. 证券交易所交易
　　C. 证券公司柜台市场　　　　D. 证券交易所市场

【答案】C
【解析】题干是证券公司柜台市场的概念。

130. 证券公司在柜台市场发行、销售与转让产品不得采取的方式是( )。

A. 拍卖竞价　　B. 集中竞价　　C. 标购竞价　　D. 报价

【答案】B
【解析】证券公司在柜台发行销售与转让产品，可采取的方式包括协议、报价、做市、拍卖竞价，标购竞价等。

131. 开展柜台市场业务的证券公司可以为在其柜台市场发行、销售与转让的私募产品提供登记、托管与结算服务，下列有关说法中有误的是( )。

A. 投资者在柜台市场交易私募产品，证券公司应当为其开立产品账户

B. 证券公司应当在产品登记机构开立柜台市场自有产品账户，不需要其他自有产品账户相互隔离

C. 证券公司应当在商业银行开立柜台市场客户资金专用存款账户，用于存放柜台市场客户的非第三方存管资金、第三方存管客户与非第三方存管客户的待交收资金，并与其他账户相互隔离

D. 证券公司应当将在商业银行开立柜台市场客户资金专用存款账户，向中国证监会证券市场交易结算资金监控系统报备

【答案】B
【解析】证券公司应当在产品登记机构开立柜台市场自有产品专用账户，并与其他自有产品账户相互隔离。

132. 下列关于证券公司柜台交易市场的说法，不正确的是( )。

A. 证券公司可以接受委托为客户在其柜台市场发行、销售与转让的私募产品，提供托管服务

B. 柜台市场私募产品的登记、结算可以由证券公司自行办理，也可以由中国证监会认可的其他机构办理

C. 柜台市场产品账户应当与中国结算统一的全国投资者证券账户建立关联关系

D. 中国证监会与中国结算应当建立交易、登记、结算数据集中存储和共享机制

【答案】D

【解析】中国证券业协会与中国结算应当建立交易登记，结算数据集中存储和共享机制。

133. 下列关于证券公司柜台市场信息披露的说法，错误的是( )。

A. 涉及客户隐私的信息不得公开披露

B. 涉及第三方商业秘密的信息不得公开披露

C. 信息披露包括公开披露和向特定对象披露

D. 证券公司应通过本公司网站、机构间私募产品报价与服务系统或者中国证监会认可的其他信息披露平台披露私募产品相关信息

【答案】D

【解析】证券公司应通过本公司网站、机构间私募产品报价与服务系统或者证券业协会（非证监会）认可的其他信息披露平台披露私募产品相关信息。

134. 私募基金合同应当约定给投资者设置不少于( )的投资冷静期。

A. 12 小时　　B. 24 小时　　C. 2 天　　D. 3 天

【答案】B

【解析】私募基金合同应当约定给投资者设置不少于 24 小时的投资冷静期。

135. 证券公司受期货公司委托从事中间介绍业务，应当提供的服务包括( )。

A. 代收期货保证金

B. 代理客户进行期货交易

C. 提供期货行情信息、交易设施

D. 使用证券资金账户为客户存取、划转期货保证金

【答案】C

【解析】证券公司不得代理客户进行期货交易、结算或者交割，不得代期货公司客户收付期货保证金，不得利用证券资金账户为客户存取、划转

期货保证金。

136. 证券公司设立另类子公司需要满足，最近（ ）内各项风险控制指标符合中国证监会及中国证券业协会的相关要求。

A. 1 个月　　　B. 3 个月　　　C. 6 个月　　　D. 1 年

【答案】C

【解析】证券公司设立另类子公司需要满足，最近 6 个月内各项风险控制指标符合相关要求。

137. 证券公司另类投资子公司可以开展（ ）项业务。

A. 融资

B. 对外提供担保和贷款

C. 成为对所投资企业的债务承担连带责任的出资人

D. 投资境内证券交易所上市交易和转让的证券

【答案】D

【解析】另类子公司不得融资，不得对外提供担保和贷款，不得成为对所投资企业的债务承担连带责任的出资人。

138. 另类子公司应当于( )结束后 10 个工作日内编制并向中国证券业协会报送另类投资业务( )度报告。

A. 每周；周　　B. 每月；月　　C. 每季；季　　D. 每年；年

【答案】B

【解析】另类子公司应当于每月结束后 10 个工作日内编制并向协会报送另类投资业务月度报告。

139. 下列关于证券公司设立私募基金子公司的说法，不正确的是( )。

A. 每家证券公司设立的私募基金子公司原则上不超过一家

B. 证券公司满足最近 6 个月各项风险控制指标符合中国证监会及中国证券业协会的相关要求，且设立私募基金子公司后，各项风险控制指标仍持续符合规定

C. 证券公司应当以自有资金全资设立私募基金子公司

D. 证券公司最近二年未因重大违法违规行为受到刑事或行政处罚

【答案】D

【解析】证券公司最近1年未因重大违法违规行为受到刑事或行政处罚，且不存在因涉嫌重大违法违规正受到监管部门和有关机关调查的情形。

140. 私募基金子公司根据税收、政策、监管、合作方需求等需要下设基金管理机构等特殊目的机构的，应当持有该机构（　　）以上的股权或出资，且拥有管理控制权。

A. 10%　　　B. 25%　　　C. 35%　　　D. 5%

【答案】C

【解析】私募基金子公司需要下设特殊目的机构的，应当持有该机构35%以上的股权或出资，且拥有管理控制权。

141. 私募基金子公司应当具备一定数量的高级管理人员和投资管理人员，具有5年以上投资管理或资产管理经验的高级管理人员不得少于（　　）人；具有2年以上投资管理或资产管理经验的投资管理人员不得少于（　　）人。

A. 2；3　　　B. 3；5　　　C. 1；2　　　D. 2；5

【答案】A

【解析】私募基金子公司应当具备一定数量的高级管理人员和投资管理人员，具有5年以上投资管理或资产管理经验的高级管理人员不得少于2人；具有2年以上投资管理或资产管理经验的投资管理人员不得少于3人。

142. 私募基金子公司下设特殊目的机构的，应当在设立后（　　）个工作日内向协会备案。

A. 5　　　B. 7　　　C. 10　　　D. 20

【答案】C

【解析】私募基金子公司下设特殊目的机构的，应当在设立后10个工作日内向协会备案。

143. 根据《证券投资基金托管业务管理办法》，下列符合开展证券投资基金托管业务条件的说法，错误的是（　　）。

A. 净资产不低于 20 亿元人民币

B. 设有专门的基金托管部门，保证托管业务运营的完整与独立

C. 最近三年无重大违法违规记录

D. 具备安全高效的清算、交割系统，能够为基金办理证券与资金的集中清算、交割

【答案】A

【解析】选项 A 应为净资产不低于 200 亿元人民币。

144. 《证券投资基金托管资格管理办法》规定，拟从事基金清算、核算、投资监督、信息披露、内部稽核监控等业务的执业人员不少于（　　）人，并具有基金从业资格。其中核算、监督等核心业务岗位应当具备（　　）年以上托管业务从业经验。

A. 3；2　　　　B. 5；3　　　　C. 8；2　　　　D. 10；3

【答案】C

【解析】在从业人员方面规定拟从事基金清算、核算、投资监督、信息披露、内部稽核监控等业务的职业人员不少于 8 人，其中核算、监督等核心业务岗位应当具备 2 年以上托管业务从业经验。

145. 非银行金融机构申请开展基金托管业务，应当按照《证券投资基金法》的规定向中国证监会报送申请材料，中国证监会自收到申请材料之日起（　　）个工作日内作出是否受理的决定，并自接受申请材料之日起（　　）个工作日内作出批准或不予批准的决定。

A. 5；10　　　　B. 5；20　　　　C. 10；20　　　　D. 10；30

【答案】B

【解析】中国证监会自收到申请材料之日起 5 个工作日内作出是否受理的决定，并自接受申请材料之日起 20 个工作日内作出批准或不予批准的决定。

146. 关于非银行金融机构履行基金托管职责的表述，不正确的是（　　）。

A. 为所托管的不同基金财产分别设置资金账户、证券账户等投资交易必需的相关账户，确保基金财产独立与完整

B. 建立与基金管理人的对账机制,定期核对基金头寸、证券账目、资产净值等数据

C. 应当为其托管的基金选定具有基金托管资格的商业银行,作为资金存管银行

D. 应当从基金财产中计提风险准备金,用于弥补因其违法违规、违反基金合同、技术故障、操作错误等原因给基金财产或基金份额持有人造成的损失

【答案】D

【解析】按最新的规定,没有提取风险准备金的要求。

147. 申请人在申请基金托管资格时,隐瞒有关情况或者提供虚假申请材料的,中国证监会不予受理或者不予核准,并给予警告;申请人在( )内不得再次申请基金托管资格。

A. 2 年　　　　B. 3 年　　　　C. 10 年　　　　D. 5 年

【答案】B

【解析】题干所述情形,申请人在三年内不得再次申请基金托管资格。

148. 根据《股票期权交易试点管理办法》,下列关于证券公司从事股票期权业务的说法,错误的是( )。

A. 可以从事股票期权经纪业务

B. 可以从事与股票期权备兑开仓及行权相关的证券现货经纪业务

C. 可以从事股票期权做市业务

D. 可以从事股票期权自营业务

【答案】B

【解析】证券公司可以从事股票期权经纪业务、自营业务、做市业务;期货公司可以从事股票期权经纪业务、与股票期权备兑开仓以及行权相关的证券现货经纪业务。

149. 证券公司开展金融衍生品业务前应向( )进行业务方案备案,并取得相应业务方案备案确认函。

A. 中国证监会　　　　　　　B. 中国证券业协会

C. 中国期货业协会　　　　　D. 中证机构间报价系统

【答案】B

【解析】证券业协会负责证券公司开展金融衍生品业务备案。

150. 金融衍生品存续期间发生重大业务风险、重大业务损失或影响持续运行等重大事件的,证券公司应立即采取有效措施,并于重大事件发生后( )个工作日内向中证报价提交报告。
A. 2   B. 5   C. 7   D. 10

【答案】A

【解析】金融衍生品存续期间发生重大业务风险、重大业务损失或影响持续运行等重大事件的,需要于两个工作日内向中证报价提交报告。

二、组合型单项选择题

1. 以下部门规章及规范性文件中,涉及证券经纪业务具体规范要求的有( )。

Ⅰ.《客户交易结算资金管理办法》

Ⅱ.《证券公司开立客户账户规范》

Ⅲ.《证券公司融资融券业务管理办法》

Ⅳ.《内地与香港股票市场交易互联互通机制若干规定》

A. Ⅰ、Ⅱ、Ⅲ、Ⅳ　　　　　　　B. Ⅲ、Ⅳ

C. Ⅰ、Ⅱ、Ⅳ　　　　　　　　　D. Ⅰ、Ⅱ、Ⅲ

【答案】C

【解析】《证券公司融资融券业务管理办法》不在证券公司经纪业务主要部门规章之列。

2. 按照《证券交易委托代理协议指引》的规定,以下事项中( )属于客户可以委托证券公司代理的事项。

Ⅰ. 接受并执行客户依照《证券交易委托代理协议》约定的方式下达的合法有效的委托指令

Ⅱ. 代理客户进行资金、证券的清算、交收

Ⅲ. 代理保管客户买入或存入的有价证券

Ⅳ. 接受客户对其委托、成交及账户内的资产及变化情况的查询,并应客户的要求提供相应的清单

A. Ⅰ、Ⅱ、Ⅲ   B. Ⅰ、Ⅲ、Ⅳ
C. Ⅱ、Ⅲ、Ⅳ   D. Ⅰ、Ⅱ、Ⅲ、Ⅳ

【答案】D

【解析】选项全部正确。

3. 证券公司应当建立健全信息查询制度，保证客户能够通过现场、电话或者互联网络的方式随时查询证券经纪人的信息，包括(　　)等信息。

Ⅰ. 证券经纪人服务的证券营业部

Ⅱ. 证券经纪人的执业地域范围

Ⅲ. 登记编号

Ⅳ. 证券经纪人从业年限

A. Ⅰ、Ⅱ、Ⅲ   B. Ⅰ、Ⅲ、Ⅳ
C. Ⅱ、Ⅲ、Ⅳ   D. Ⅰ、Ⅱ、Ⅲ、Ⅳ

【答案】A

【解析】除选项外，需要公示的信息还包括证券经纪人的姓名、代理权限、代理期间，并能够通过现场或者互联网络的方式查看证券经纪人的照片。

4. 证券经纪业务运营管理的主要内容包括(　　)。

Ⅰ. 账户管理   Ⅱ. 交易席位与交易单元

Ⅲ. 信息了解   Ⅳ. 异常交易行为管理

A. Ⅰ、Ⅱ、Ⅲ   B. Ⅰ、Ⅲ、Ⅳ
C. Ⅱ、Ⅲ、Ⅳ   D. Ⅰ、Ⅱ、Ⅲ、Ⅳ

【答案】D

【解析】选项全部正确。

5. 下列选项中，符合证券经纪业务客户管理与客户服务制度的有(　　)。

Ⅰ. 证券公司应当统一组织回访客户，对原有客户的回访比例应当不低于上年末客户总数的10%

Ⅱ. 证券公司应当统一组织回访客户，对新开户客户应当在半年内完成回访

Ⅲ.证券公司应当要求客户在开立资金账户时自行设置密码,提醒客户适时修改密码和增强密码强度

Ⅳ.证券公司及证券营业部应当建立客户投诉书面或者电子档案,保存时间不少于 2 年

A. Ⅰ、Ⅱ　　　B. Ⅰ、Ⅲ　　　C. Ⅱ、Ⅲ　　　D. Ⅲ、Ⅳ

【答案】B

【解析】Ⅱ项证券公司应当统一组织回访客户,对新开户客户应当在一个月内完成回访;Ⅳ项相关资料的保存时间不少于 3 年。

6. 在营业部经纪业务主要环节的操作规程方面,证券账户管理包括( )等内容。

Ⅰ.证券账户的开立　　　Ⅱ.证券账户注册资料的查询

Ⅲ.证券账户挂失补办　　Ⅳ.非交易过户

A. Ⅰ、Ⅱ、Ⅲ　　　　　　B. Ⅰ、Ⅲ、Ⅳ

C. Ⅱ、Ⅲ、Ⅳ　　　　　　D. Ⅰ、Ⅱ、Ⅲ、Ⅳ

【答案】D

【解析】选项全部正确。此外还包括证券账户合并与注销、证券账户的网络服务功能、不合格账户业务的认定与规范。

7. 以下关于证券账户的描述,正确的是( )。

Ⅰ.中国结算公司对证券账户实施统一管理

Ⅱ.证券账户的开立方式包括现场方式和非现场方式

Ⅲ.1 个投资者最多可以申请开立 2 个 A 股账户

Ⅳ.1 个投资者只能申请开立 1 个信用账户

A. Ⅰ、Ⅱ、Ⅲ　　　　　　B. Ⅰ、Ⅲ、Ⅳ

C. Ⅰ、Ⅱ、Ⅳ　　　　　　D. Ⅰ、Ⅱ、Ⅲ、Ⅳ

【答案】C

【解析】一个投资者最多可以申请开立 1 个一码通账户、3 个 A 股账户、3 个封闭式基金账户、1 个信用账户、1 个 B 股账户,Ⅲ项错误。

8. 下列关于客户交易结算资金三方存管制度的说法中,正确的是( )。

Ⅰ. 明确"单独立户"要求，防止资金被混合使用

Ⅱ. 明确"封闭运行"要求，防止资金被违规动用

Ⅲ. 除客户取款、交易等情形外，证券公司不得动用客户资金

Ⅳ. 向客户收取与证券交易有关的佣金、费用或者代扣税款时，证券公司可以将客户资金转入自有资金账户

A. Ⅰ、Ⅱ、Ⅲ
B. Ⅰ、Ⅲ
C. Ⅰ、Ⅱ、Ⅳ
D. Ⅰ、Ⅱ、Ⅲ、Ⅳ

【答案】D

【解析】选项全部正确。

9. 根据《证券经营机构投资者适当性管理实施指引（试行）》规定，适当性管理主要包括以下(　　)安排。

Ⅰ. 全面了解客户　　Ⅱ. 全面计算收益

Ⅲ. 对产品或服务分级　　Ⅳ. 适当性匹配

A. Ⅰ、Ⅱ、Ⅲ
B. Ⅰ、Ⅲ、Ⅳ
C. Ⅰ、Ⅱ、Ⅳ
D. Ⅰ、Ⅱ、Ⅲ、Ⅳ

【答案】B

【解析】适当性管理主要包括全面了解客户、对产品或服务分级、适当性匹配。

10. 属于应重点监控的异常交易行为有(　　)。

Ⅰ. 可能对证券交易价格产生重大影响的信息披露，大量买入或卖出相关证券

Ⅱ. 以同一身份证明文件、营业执照或其他有效证件开立的证券账户之间，大量或者频繁进行互为对手方的交易

Ⅲ. 委托、授权给同一机构或者同一个人代为从事交易的证券账户之间，大量或者频繁进行互为对手方的交易

Ⅳ. 两个或两个以上固定的或涉嫌关联的证券账户之间，大量或者频繁进行互为对手方的交易

A. Ⅰ、Ⅱ、Ⅳ
B. Ⅰ、Ⅲ、Ⅳ
C. Ⅱ、Ⅲ、Ⅳ
D. Ⅰ、Ⅱ、Ⅲ、Ⅳ

【答案】D

【解析】选项全部正确。

11. 以下表述中,正确的有( )。

Ⅰ. 证券经纪商向客户收取的佣金不得高于证券交易金额的5‰

Ⅱ. A股,证券投资基金每笔交易佣金不足5元的,按5元收取

Ⅲ. B股,每笔交易佣金不足1美元或5港元的,按1美元或5港元收取

Ⅳ. 国债现券,企业债(含可转债),国债回购以及以后出现的新的交易品种,其交易佣金标准由证券交易所制定并报中国证监会和原国家计委备案,备案15天内无异议后实施

A. Ⅰ、Ⅱ、Ⅲ B. Ⅰ、Ⅱ、Ⅳ
C. Ⅱ、Ⅲ、Ⅳ D. Ⅰ、Ⅱ、Ⅲ、Ⅳ

【答案】C

【解析】证券经纪商向客户收取的佣金不得高于证券交易金额的3‰,也不得低于代收的证券交易监管费和证券交易所手续费等。

12. 下列关于科创板的说法,正确的是( )。

Ⅰ. 科创板主要服务于符合国家战略、突破关键核心技术、市场认可度高的科技创新企业

Ⅱ. 科创板的具体行业范围由上海证券交易所发布并适时更新

Ⅲ. 个人投资者可直接申请开通科创板股票交易权限

Ⅳ. 投资者仅须向其委托的证券公司申请,在已有沪市A股证券账户上开通科创板股票交易权限即可,无须在中国结算开立新的证券账户

A. Ⅰ、Ⅱ、Ⅲ B. Ⅰ、Ⅲ、Ⅳ
C. Ⅰ、Ⅱ、Ⅳ D. Ⅰ、Ⅱ、Ⅲ、Ⅳ

【答案】C

【解析】个人投资者申请开通科创板股票交易权限,需要开通前20个交易日证券账户及资金账户内的日均资产不低于人民币50万元,并且参与证券交易24个月以上。

13. 上海证券交易所在科创板推出不同于主板的交易机制的改革措施,包括( )。

Ⅰ．引入盘后固定价格交易　　Ⅱ．优化融券交易机制
Ⅲ．新增两种市价申报方式　　Ⅳ．收紧涨跌幅限制

A．Ⅰ、Ⅱ、Ⅲ
B．Ⅰ、Ⅲ、Ⅳ
C．Ⅰ、Ⅱ、Ⅳ
D．Ⅰ、Ⅱ、Ⅲ、Ⅳ

【答案】A

【解析】Ⅳ项应为放宽涨跌幅限制，将科创板股票的涨跌幅限制放宽至20%，并且新股上市后前5个交易日不设涨跌幅限制。

14．下列关于存托凭证的说法，正确的有（　　）。

Ⅰ．存托凭证是指有存托人签发、以境外证券为基础在中国境内发行、代表境外基础证券权益

Ⅱ．存托凭证的境外基础证券发行人应当参与存托证券发行，依法履行发行人、上市公司的义务，承担相应的法律责任

Ⅲ．证券公司可以担任存托人

Ⅳ．存托人不能委托境外金融机构担任托管人

A．Ⅰ、Ⅱ、Ⅲ
B．Ⅰ、Ⅲ、Ⅳ
C．Ⅱ、Ⅲ、Ⅳ
D．Ⅰ、Ⅱ、Ⅲ、Ⅳ

【答案】A

【解析】Ⅳ项存托人可以委托境外金融机构担任托管人。

15．个人投资者参与中国存托凭证交易，应当符合（　　）条件。

Ⅰ．申请权限开通前20个交易日证券账户及资金账户内的资产日均不低于人民币300万元（不包括该投资者通过融资融券交易融入的资金和证券）

Ⅱ．不存在严重的不良诚信记录

Ⅲ．不存在境内法律、上海证券交易所业务规则等规定的禁止或限制参与证券交易的情形

Ⅳ．最近3年内实际控制人未发生变更

A．Ⅰ、Ⅱ、Ⅲ
B．Ⅰ、Ⅲ
C．Ⅱ、Ⅲ、Ⅳ
D．Ⅰ、Ⅱ

【答案】A

【解析】个人投资者不存在实际控制人。

16. 证券经纪业务的风险主要包括( )。

Ⅰ. 信用风险　　Ⅱ. 管理风险　　Ⅲ. 技术风险　　Ⅳ. 合规风险

A. Ⅰ、Ⅱ、Ⅲ　　　　　　　　　　B. Ⅰ、Ⅲ

C. Ⅱ、Ⅲ、Ⅳ　　　　　　　　　　D. Ⅰ、Ⅱ

【答案】C

【解析】证券经纪业务的风险主要包括合规风险、管理风险和技术风险。

17. 为做好证券经纪业务合规风险的防范，证券公司应当( )。

Ⅰ. 加强合规文化建设，全员都要增强法治观念和合规意识

Ⅱ. 建立健全各项规章制度

Ⅲ. 对账户管理、交易、清算、核算、操作权限等实行分散管理

Ⅳ. 对主要部门和岗位相互分离的管理制度

A. Ⅰ、Ⅱ、Ⅲ　　　　　　　　　　B. Ⅰ、Ⅲ、Ⅳ

C. Ⅱ、Ⅲ、Ⅳ　　　　　　　　　　D. Ⅰ、Ⅱ、Ⅳ

【答案】D

【解析】Ⅲ项对交易结算资金实行第三方存管，对经纪业务各环节实行集中统一管理。

18. 证券公司及证券营业部违反《关于加强证券经纪业务管理的规定》的，中国证监会及其派出机构将视情况依法采取( )监管措施。

Ⅰ. 责令改正　　Ⅱ. 监管谈话

Ⅲ. 公开谴责　　Ⅳ. 责令处分有关人员

A. Ⅰ、Ⅱ、Ⅲ　　　　　　　　　　B. Ⅰ、Ⅲ、Ⅳ

C. Ⅱ、Ⅲ、Ⅳ　　　　　　　　　　D. Ⅰ、Ⅱ、Ⅳ

【答案】D

【解析】中国证监会及其派出机构依法采取的措施包括责令改正、监管谈话、出具警示函、暂不受理与行政许可有关的文件、责令处分有关人员、暂停核准新业务、限制业务活动等监管措施。公开谴责属于自律管理措施。

19. 证券投资咨询业务的基本业务形式有( )。

Ⅰ. 证券投资顾问业务　　Ⅱ. 发布证券研究报告

Ⅲ. 财务顾问业务　　　Ⅳ. 保荐业务

A. Ⅰ、Ⅱ　　　　B. Ⅰ、Ⅲ　　　　C. Ⅰ、Ⅳ　　　　D. Ⅱ、Ⅲ

【答案】A

【解析】证券投资顾问业务和发布证券研究报告是证券投资咨询业务的两种基本形式，也是证券经营机构服务客户的重要手段。

20. 证券投资顾问服务与发布证券研究报告的区别主要体现在(　　)。

Ⅰ. 市场影响　　Ⅱ. 服务方式　　Ⅲ. 服务对象　　Ⅳ. 服务内容

A. Ⅰ、Ⅱ、Ⅲ　　　　　　　　　B. Ⅰ、Ⅲ、Ⅳ

C. Ⅱ、Ⅲ、Ⅳ　　　　　　　　　D. Ⅰ、Ⅱ、Ⅲ、Ⅳ

【答案】D

【解析】选项全部正确。

21. 证券投资顾问向客户提供投资建议的依据包括(　　)。

Ⅰ. 证券研究报告

Ⅱ. 基于投资研究报告形成的投资分析意见

Ⅲ. 基于理论模型形成的投资分析意见

Ⅳ. 基于分析方法形成的投资分析意见

A. Ⅰ、Ⅱ、Ⅲ　　　　　　　　　B. Ⅰ、Ⅲ、Ⅳ

C. Ⅱ、Ⅲ、Ⅳ　　　　　　　　　D. Ⅰ、Ⅱ、Ⅲ、Ⅳ

【答案】D

【解析】选项全部正确。

22. 证券公司、证券投资咨询机构发布证券研究报告，应该遵守(　　)。

Ⅰ. 独立原则　　Ⅱ. 客观原则　　Ⅲ. 效率原则　　Ⅳ. 审慎原则

A. Ⅰ、Ⅱ、Ⅲ　　　　　　　　　B. Ⅰ、Ⅲ、Ⅳ

C. Ⅰ、Ⅱ、Ⅳ　　　　　　　　　D. Ⅰ、Ⅱ、Ⅲ、Ⅳ

【答案】C

【解析】证券公司、证券投资咨询机构发布证券研究报告，应遵守独立原则、客观原则、公平原则和审慎原则。

23. 经营机构发布证券研究报告，以下符合独立、客观、公平、审慎原则要求的有( )。

Ⅰ. 采取有效措施，保证制作发布证券研究报告不受利益相关者的干涉和影响

Ⅱ. 可以将证券研究报告的内容或者观点，优先提供给公司内部部门

Ⅲ. 证券研究报告可以对证券估值、投资评级作出审慎的保证

Ⅳ. 从组织设置、人员职责上，将证券研究报告制作发布环节与销售服务环节分开管理

A. Ⅱ、Ⅲ
B. Ⅰ、Ⅲ、Ⅳ
C. Ⅰ、Ⅳ
D. Ⅰ、Ⅱ、Ⅲ、Ⅳ

【答案】C

【解析】证券公司应当公平对待证券研究报告的发布对象，不得将研究报告的内容或者观点，优先提供给公司内部部门、人员或者特定对象，Ⅱ项错误；研究报告不得对证券估值投资评级作出任何形式的保证，Ⅲ项错误。

24. 证券公司、证券投资咨询机构发布的证券研究报告，应当载明的事项有( )。

Ⅰ. "证券研究报告"字样

Ⅱ. 署名人员的证券投资咨询执业资格证书编码

Ⅲ. 证券研究报告采用的信息和资料来源

Ⅳ. 使用证券研究报告的风险提示

A. Ⅰ、Ⅱ、Ⅲ
B. Ⅰ、Ⅲ、Ⅳ
C. Ⅰ、Ⅱ、Ⅳ
D. Ⅰ、Ⅱ、Ⅲ、Ⅳ

【答案】D

【解析】选项全部正确。

25. 发表证券研究报告相关人员进行上市公司调研活动，应当符合的要求包括( )。

Ⅰ. 在证券研究报告中使用调研信息的，应当保留必要的信息来源依据

Ⅱ. 不得主动寻求上市公司相关内幕信息，或者未公开重大信息

Ⅲ. 不得向证券研究报告相关销售服务人员，特定客户和其他无关人员

泄露研究部门或研究子公司未来一段时间的整体调研计划

Ⅳ．被动知悉上市公司内幕信息或者未公开重大信息的，应当及时发布涉及该上市公司的证券研究报告

A．Ⅰ、Ⅱ、Ⅲ　　　　　　　B．Ⅰ、Ⅲ、Ⅳ
C．Ⅰ、Ⅱ、Ⅳ　　　　　　　D．Ⅱ、Ⅲ、Ⅳ

【答案】A

【解析】被动知悉上市公司内幕信息或者未公开重大信息的，应当对有关信息内容进行保密，并及时向所在机构的合规管理部门报告本人已获知有关信息的事实，在有关信息公开前不得发布涉及该上市公司的证券研究报告。

26. 研究报告质量审核重点关注研究方法和结论的(　　)。

Ⅰ．真实性　　Ⅱ．审慎性　　Ⅲ．专业性　　Ⅳ．客观性

A．Ⅰ、Ⅱ、Ⅳ　　　　　　　B．Ⅰ、Ⅱ
C．Ⅰ、Ⅲ、Ⅳ　　　　　　　D．Ⅱ、Ⅲ

【答案】D

【解析】研究报告质量审核应当涵盖信息处理、分析逻辑、研究结论等内容，重点关注研究方法和研究结论的专业性和审慎性。

27. 证券公司、证券投资咨询机构应当综合考虑(　　)等多种因素，设立发布证券研究报告，相关人员的考核激励标准。

Ⅰ．研究质量　　Ⅱ．客户评价　　Ⅲ．工作量　　Ⅳ．工作效率

A．Ⅰ、Ⅱ、Ⅲ　　　　　　　B．Ⅰ、Ⅲ、Ⅳ
C．Ⅰ、Ⅱ、Ⅳ　　　　　　　D．Ⅰ、Ⅱ、Ⅲ、Ⅳ

【答案】A

【解析】证券公司、证券投资咨询机构应当综合考虑研究质量、客户评价、工作量等多种因素，设立发布证券研究报告，相关人员的考核激励标准。

28. 证券公司、证券投资咨询机构发布证券研究报告，应当对发布的(　　)实行留痕管理。

Ⅰ．时间　　Ⅱ．方式　　Ⅲ．内容　　Ⅳ．对象和审阅过程

A. Ⅰ、Ⅱ、Ⅲ   B. Ⅰ、Ⅲ、Ⅳ
C. Ⅰ、Ⅱ、Ⅳ   D. Ⅰ、Ⅱ、Ⅲ、Ⅳ

【答案】 D

【解析】 选项全部正确。

29. 证券投资顾问业务的基本原则包括(   )。
   Ⅰ.诚实信用   Ⅱ.守法合规   Ⅲ.忠实客户利益   Ⅳ.确保收益
   A. Ⅰ、Ⅱ   B. Ⅱ、Ⅳ
   C. Ⅰ、Ⅲ、Ⅳ   D. Ⅰ、Ⅱ、Ⅲ

【答案】 D

【解析】 证券投资顾问业务的基本原则包括诚实信用、守法合规、忠实客户利益。

30. 证券公司、证券投资咨询机构提供证券投资顾问服务，应当与客户签订证券投资顾问服务协议，并对协议实行编号管理。协议内容应当包括(   )。
   Ⅰ.当事人的权利义务
   Ⅱ.证券投资顾问服务的内容和方式
   Ⅲ.争议或者纠纷解决方式
   Ⅳ.终止或者解除协议的条件和方式
   A. Ⅰ、Ⅱ、Ⅲ   B. Ⅰ、Ⅲ、Ⅳ
   C. Ⅱ、Ⅲ、Ⅳ   D. Ⅰ、Ⅱ、Ⅲ、Ⅳ

【答案】 D

【解析】 选项全部正确。此外还包括证券投资顾问的职责和禁止行为，收费标准和支付方式。

31. 《证券投资顾问业务暂行规定》明确规定证券公司、证券投资咨询机构应当对证券投资顾问的(   )实行留痕管理。
   Ⅰ.业务推广   Ⅱ.客户回访   Ⅲ.协议签订   Ⅳ.投诉处理
   A. Ⅰ、Ⅲ   B. Ⅰ、Ⅱ、Ⅲ
   C. Ⅱ、Ⅳ   D. Ⅰ、Ⅱ、Ⅲ、Ⅳ

【答案】 D

【解析】选项全部正确。此外还包括服务提供。

32. 证券投资咨询机构利用"荐股软件"从事证券投资咨询业务,应当在( )等业务环节中,加强投资者教育和客户权益保护。
    Ⅰ. 合同签订　　Ⅱ. 产品销售　　Ⅲ. 客户回访　　Ⅳ. 投诉处理
    A. Ⅰ、Ⅱ、Ⅲ　　　　　　　　B. Ⅲ、Ⅳ
    C. Ⅱ、Ⅳ　　　　　　　　　　D. Ⅰ、Ⅱ、Ⅲ、Ⅳ
【答案】D
【解析】选项全部正确。此外还包括服务提供环节。

33. 证券公司、证券投资咨询机构发布证券研究报告,以下符合独立、客观、公平、审慎原则要求的有( )。
    Ⅰ. 采取有效措施,保证制作发布证券研究报告不受利益相关者的干涉和影响
    Ⅱ. 可以将证券研究报告的内容或者观点,优先提供给公司内部部门
    Ⅲ. 证券研究报告可以对证券估值、投资评级作出审慎的保证
    Ⅳ. 从组织设置、人员职责上,将证券研究报告制作发布环节与销售服务环节分开管理
    A. Ⅱ、Ⅲ　　　　　　　　　　B. Ⅰ、Ⅲ、Ⅳ
    C. Ⅰ、Ⅳ　　　　　　　　　　D. Ⅰ、Ⅱ、Ⅲ、Ⅳ
【答案】C
【解析】Ⅱ项不可以将证券研究报告优先提供给公司内部部门;Ⅲ项不得对证券估值、投资评级作出任何形式的保证。

34. 以下属于证券投资顾问禁止行为的是( )。
    Ⅰ. 以任何方式向客户承诺或者保证投资收益
    Ⅱ. 向客户提供建议服务
    Ⅲ. 向他人泄露客户的投资决策计划信息
    Ⅳ. 以个人名义向客户收取证券投资顾问服务费用
    A. Ⅰ、Ⅱ、Ⅲ　　　　　　　　B. Ⅰ、Ⅲ、Ⅳ
    C. Ⅱ、Ⅲ、Ⅳ　　　　　　　　D. Ⅰ、Ⅱ、Ⅲ、Ⅳ
【答案】B

【解析】Ⅱ项向客户提供建议服务，符合证券投资顾问执业行为准则，其余选项均为禁止行为。

35. 证券投资咨询机构有下列（　　）行为之一的，由证监会派出机构单处或者并处警告、没收违法所得1万元以上10万元以下罚款；情节严重的，证监会派出机构应当向中国证监会报告，由中国证监会作出暂停或者撤销业务资格的处罚；构成犯罪的，依法追究刑事责任。

Ⅰ. 与报刊、电台、电视台合办或者协办证券、期货投资咨询版面、节目或者与电信服务部门进行业务合作时未向证监会派出机构备案

Ⅱ. 代理投资人从事证券买卖；向投资人承诺证券投资收益；与投资人约定分享投资收益或者分担投资损失

Ⅲ. 证券、期货投资咨询人员同时在两个或者两个以上的证券、期货投资咨询机构执业的

Ⅳ. 未将其向投资人或者社会公众提供的投资咨询资料自提供之日起保存二年

A. Ⅰ、Ⅱ、Ⅲ
B. Ⅰ、Ⅲ、Ⅳ
C. Ⅱ、Ⅲ、Ⅳ
D. Ⅰ、Ⅱ、Ⅲ、Ⅳ

【答案】D

【解析】选项全部正确。

36. 证券公司、证券投资咨询机构和其他财务顾问机构有下列（　　）情形之一的，不得担任财务顾问。

Ⅰ. 最近24个月内存在违反诚信的不良记录

Ⅱ. 最近24个月内因执业行为违反行业规范而受到行业自律组织的纪律处分

Ⅲ. 最近36个月内因违法违规经营受到处罚

Ⅳ. 因涉嫌违法违规经营正在被调查

A. Ⅱ、Ⅲ
B. Ⅰ、Ⅲ
C. Ⅱ、Ⅲ、Ⅳ
D. Ⅰ、Ⅱ、Ⅲ、Ⅳ

【答案】D

【解析】选项全部正确。

37. 证券公司、证券投资咨询机构或者其他财务顾问机构受聘担任上市公司独立财务顾问的，应当保持独立性，不得与上市公司存在利害关系，存在下列（　　）情形之一的，不得担任独立财务顾问。

Ⅰ．持有或者通过协议、其他安排与他人共同持有上市公司股份达到或者超过5%

Ⅱ．最近2年财务顾问与上市公司存在资产委托管理关系、相互提供担保

Ⅲ．在并购重组中为上市公司的交易对方提供财务顾问服务

Ⅳ．上市公司选派代表担任财务顾问的董事

A．Ⅰ、Ⅱ、Ⅲ B．Ⅰ、Ⅳ
C．Ⅱ、Ⅲ、Ⅳ D．Ⅰ、Ⅱ、Ⅲ、Ⅳ

【答案】D

【解析】选项全部正确。

38. 下列关于财务顾问持续督导的说法中，正确的是（　　）。

Ⅰ．督促上市公司按照《上市公司治理准则》的要求规范运作

Ⅱ．督促和检查申报人履行对市场公开做出的相关承诺的情况

Ⅲ．督促和检查申报人落实后续计划及并购重组方案中约定的其他相关义务的情况

Ⅳ．督促并购重组当事人按照相关程序规范实施并购重组方案，及时办理产权过户手续，并依法履行报告和信息披露的义务

A．Ⅱ、Ⅲ、Ⅳ B．Ⅲ、Ⅳ
C．Ⅰ、Ⅱ、Ⅲ D．Ⅰ、Ⅱ、Ⅲ、Ⅳ

【答案】D

【解析】选项全部正确。

39. 财务顾问从事上市公司并购重组财务顾问业务，应当公平竞争，按照（　　）与委托人商议财务顾问报酬，不得以明显低于行业水平等不正当竞争手段招揽业务。

Ⅰ．业务复杂程度 Ⅱ．业务能力

Ⅲ．业务时间长短 Ⅳ．承担的责任与风险

A．Ⅰ、Ⅱ、Ⅲ B．Ⅰ、Ⅳ

C. Ⅰ、Ⅲ、Ⅳ   D. Ⅰ、Ⅱ、Ⅲ、Ⅳ

【答案】B

【解析】财务顾问应当按照业务复杂程度及所承担的责任和风险，与委托人商议财务顾问报酬。

40. 中国证监会建立监管信息系统，将以下(　　)事项纳入其诚信档案。

Ⅰ. 财务顾问及其财务顾问主办人被中国证监会采取监管措施的

Ⅱ. 在持续督导期间，上市公司或者其他委托人违反公司治理有关规定、相关资产状况及上市经营成果等与财务顾问的专业意见出现较大差异的

Ⅲ. 上市公司就并购重组事项出具预测，实际完成情况只有预测指标80%的

Ⅳ. 中国证监会认定的其他事项

A. Ⅰ、Ⅱ、Ⅲ   B. Ⅰ、Ⅲ、Ⅳ
C. Ⅰ、Ⅱ、Ⅳ   D. Ⅰ、Ⅱ、Ⅲ、Ⅳ

【答案】C

【解析】Ⅲ项未达到预测金额的80%，财务顾问及其主办人需要公开向股东和社会公众投资者道歉；未达到盈利预测50%的，证监会采取监管措施。

41. 中国证监会应当对财务顾问及其财务顾问主办人采取监管谈话、出具警示函、责令改正等监管措施的情形包括(　　)。

Ⅰ. 未按照《上市公司并购重组财务顾问业务管理办法》的规定向中国证监会报告或者公告的

Ⅱ. 违反保密制度或者未履行保密责任的

Ⅲ. 未依法履行持续督导义务的

Ⅳ. 未按照《上市公司并购重组财务顾问业务管理办法》规定发表专业意见的

A. Ⅰ、Ⅱ、Ⅲ   B. Ⅰ、Ⅳ
C. Ⅱ、Ⅲ   D. Ⅰ、Ⅱ、Ⅲ、Ⅳ

【答案】D

【解析】选项全部正确。

42. 金融债券发行与承销业务的主要部门规章及规范性文件包括( )。
　　Ⅰ.《全国银行间债券市场金融债券发行管理办法》
　　Ⅱ.《证券公司次级债管理规定》
　　Ⅲ.《商业银行次级债券发行管理办法》
　　Ⅳ.《保险公司次级定期债务管理办法》
　　A. Ⅰ、Ⅱ、Ⅲ　　　　　　　　B. Ⅰ、Ⅱ、Ⅳ
　　C. Ⅱ、Ⅲ、Ⅳ　　　　　　　　D. Ⅰ、Ⅱ、Ⅲ、Ⅳ
【答案】D
【解析】选项全部正确。

43. 招股意向书刊登首日，首次公开发行股票的发行人和主承销商应当在发行公告中披露( )。
　　Ⅰ. 发行定价方式　　Ⅱ. 定价程序
　　Ⅲ. 股票配售原则　　Ⅳ. 参与网下询价投资者条件
　　A. Ⅰ、Ⅱ、Ⅲ　　　　　　　　B. Ⅰ、Ⅲ、Ⅳ
　　C. Ⅱ、Ⅲ、Ⅳ　　　　　　　　D. Ⅰ、Ⅱ、Ⅲ、Ⅳ
【答案】D
【解析】选项全部正确。

44. 据证券法律制度的规定，公开发行公司债券的发行人应当及时披露债券存续期内发生可能影响其偿债能力或债券价格的重大事项，下列属于重大事项的有( )。
　　Ⅰ. 发行人发生未能清偿到期债务的违约情况
　　Ⅱ. 发行人当年累计新增借款或对外提供担保超过上年末净资产的20%
　　Ⅲ. 发行人放弃债权或财产，超过上年末净资产的10%
　　Ⅳ. 发行人发生超过上年末净资产10%的重大损失
　　A. Ⅰ、Ⅱ、Ⅳ　　　　　　　　B. Ⅰ、Ⅱ、Ⅲ
　　C. Ⅰ、Ⅲ、Ⅳ　　　　　　　　D. Ⅰ、Ⅱ、Ⅲ、Ⅳ
【答案】D
【解析】选项全部正确。

45. 关于公开发行公司债券信用评级,下列说法中正确的是( )。

Ⅰ. 按照规定或约定将评级信息告知发行人,并及时向市场公布首次评级报告、定期和不定期跟踪评级

Ⅱ. 在债券有效存续期间,应当每半年至少向市场公布一次定期跟踪评级报告

Ⅲ. 应充分关注可能影响评级对象信用等级的所有重大因素,及时向市场公布信用等级调整及其他与评级相关的信息变动情况,并向证券交易所或其他证券交易场所报告

Ⅳ. 公开发行公司债券的发行人应将披露的信息或信息摘要刊登在至少一种中国证监会指定的报刊,供公众查阅

A. Ⅰ、Ⅱ、Ⅳ   B. Ⅰ、Ⅱ、Ⅲ
C. Ⅰ、Ⅲ、Ⅳ   D. Ⅰ、Ⅱ、Ⅲ、Ⅳ

【答案】C

【解析】在债券有效存续期间,应当每年(不是半年)至少向市场公布一次定期跟踪评级报告。

46. 证券公司承销或者销售擅自公开发行或者变相公开发行的证券的,将受到( )处罚。

Ⅰ. 责令停止承销或者销售,没收违法所得

Ⅱ. 处以违法所得1倍以上10倍以下的罚款

Ⅲ. 没有违法所得或者违法所得不足100万元的,处以100万元以上1000万元以下的罚款,情节严重的,并处暂停或者撤销相关业务许可

Ⅳ. 给投资者造成损失的,应当与发行人承担连带赔偿责任

A. Ⅱ、Ⅲ、Ⅳ   B. Ⅰ、Ⅱ、Ⅲ
C. Ⅰ、Ⅱ、Ⅳ   D. Ⅰ、Ⅱ、Ⅲ、Ⅳ

【答案】D

【解析】选项全部正确。此外,对直接负责的主管人员和其他直接责任人员给予警告,并处以50万元以上500万元以下的罚款。

47. 证券公司及其直接负责的主管人员和其他直接责任人员在承销证券过程中,如有下列行为中的( ),情节比较严重的,中国证监会可以采取3~12个月暂不受理其证券承销业务有关文件的监管措施。

Ⅰ. 夸大宣传，或以虚假广告等不正当手段诱导、误导投资者

Ⅱ. 以不正当竞争手段招揽承销业务

Ⅲ. 向投资者提供除招股意向书等公开信息以外的发行人其他信息

Ⅳ. 未按照事先披露的原则和方式配售股票，或其他未依照披露文件实施的行为

A. Ⅱ、Ⅲ、Ⅳ
B. Ⅰ、Ⅱ、Ⅲ
C. Ⅰ、Ⅱ、Ⅳ
D. Ⅰ、Ⅱ、Ⅲ、Ⅳ

【答案】 D

【解析】 选项全部正确。

48. 承销机构在承销公司债券过程中，有下列（   ）行为之一，情形严重的，中国证监会可以对承销机构采取暂停或者撤销相关业务许可。

Ⅰ. 以不正当竞争手段招揽承销业务

Ⅱ. 操纵发行定价、暗箱操作

Ⅲ. 未按事先披露的原则和方式配售公司债券，或其他未依照披露文件实施的行为

Ⅳ. 未按照本办法及相关规定要求保留推介、定价、配售等承销过程中相关资料

A. Ⅱ、Ⅲ、Ⅳ
B. Ⅰ、Ⅱ、Ⅲ
C. Ⅰ、Ⅱ、Ⅳ
D. Ⅰ、Ⅱ、Ⅲ、Ⅳ

【答案】 D

【解析】 选项全部正确。

49. 债券发行人有下列（   ）行为的，将会受到中国人民银行的处罚。

Ⅰ. 未经中国人民银行核准擅自发行金融债券

Ⅱ. 超规模发行金融债券

Ⅲ. 以不正当手段操纵市场价格、误导投资者

Ⅳ. 未按规定报送文件或披露信息

A. Ⅱ、Ⅲ、Ⅳ
B. Ⅰ、Ⅱ、Ⅲ
C. Ⅰ、Ⅱ、Ⅳ
D. Ⅰ、Ⅱ、Ⅲ、Ⅳ

【答案】 D

【解析】 选项全部正确。

50. 证券公司开展融资融券业务,需要遵循的基本原则是( )。
Ⅰ. 合法合规性原则　　Ⅱ. 集中管理原则
Ⅲ. 业务隔离原则　　　Ⅳ. 了解客户原则
A. Ⅰ、Ⅱ、Ⅲ
B. Ⅰ、Ⅲ、Ⅳ
C. Ⅱ、Ⅲ、Ⅳ
D. Ⅰ、Ⅱ、Ⅲ、Ⅳ

【答案】 D

【解析】 选项全部正确。

51. 下列关于证券公司融资融券业务管理的说法,正确的有( )。
Ⅰ. 证券公司开展融资融券业务,必须经中国证监会批准
Ⅱ. 证券公司融资专用账户用于记录证券公司持有的拟向客户融出的证券和客户归还的证券,并用于证券买卖
Ⅲ. 证券公司分支机构不得自行决定融资融券客户签约、授信、保证金收款等事项
Ⅳ. 证券公司分管融资融券业务的高级管理人员可以兼管风险监控部门,但不能兼管业务稽核部门
A. Ⅰ、Ⅲ
B. Ⅰ、Ⅳ
C. Ⅱ、Ⅳ
D. Ⅲ、Ⅳ

【答案】 A

【解析】 证券公司融券专用账户用于记录证券公司持有的拟向客户融出的证券和客户归还的证券,该账户不得用于证券买卖,Ⅱ项错误;分管融资融券业务的高级管理人员不得兼管风险监控部门和业务稽核部门,Ⅳ项错误。

52. 证券公司申请融资融券业务资格,应当具备的条件包括( )。
Ⅰ. 具有证券经纪业务资格
Ⅱ. 公司治理健全,内部控制有效,能有效识别、控制和防范业务经营风险和内部管理风险
Ⅲ. 财务状况良好,最近2年各项风险控制指标持续符合规定,注册资本和净资本符合增加融资融券业务后的规定
Ⅳ. 财务状况良好,最近1年各项风险控制指标持续符合规定,注册资本和净资本符合增加融资融券业务后的规定
A. Ⅰ、Ⅱ、Ⅲ
B. Ⅰ、Ⅲ、Ⅳ

C. Ⅲ、Ⅳ   D. Ⅰ、Ⅱ、Ⅳ

【答案】A

【解析】Ⅳ项应为财务状况良好，最近2年各项风险控制指标持续符合规定，注册资本和净资本符合增加融资融券业务后的规定。

53. 证券公司经营融资融券业务，应以自己的名义，在证券登记结算机构分别开立(　　)。

　Ⅰ. 融券专用证券账户　　　Ⅱ. 信用交易证券交收账户
　Ⅲ. 信用交易资金交收账户　Ⅳ. 客户信用交易担保证券账户

A. Ⅰ、Ⅱ、Ⅲ   B. Ⅰ、Ⅲ、Ⅳ
C. Ⅱ、Ⅲ、Ⅳ   D. Ⅰ、Ⅱ、Ⅲ、Ⅳ

【答案】D

【解析】选项全部正确。

54. 客户向证券公司申请开展融资融券业务，应根据证券公司营业部的要求提供相应的书面申请材料，包括(　　)。

　Ⅰ. 有效身份证明文件　　Ⅱ. 融资融券业务申请表
　Ⅲ. 客户财务状况证明　　Ⅳ. 担保品证明

A. Ⅰ、Ⅱ、Ⅲ   B. Ⅰ、Ⅲ、Ⅳ
C. Ⅰ、Ⅱ、Ⅳ   D. Ⅰ、Ⅱ、Ⅲ、Ⅳ

【答案】D

【解析】选项全部正确。此外还包括客户已开设相关账户的基本信息。

55. 证券公司不得为客户开立信用业务账户的情形有(　　)。

　Ⅰ. 未按照要求提供有关情况　Ⅱ. 缺乏风险承担能力
　Ⅲ. 从事证券交易时间不足1年　Ⅳ. 本公司的股东、关联人

A. Ⅰ、Ⅱ、Ⅲ   B. Ⅰ、Ⅲ、Ⅳ
C. Ⅰ、Ⅱ、Ⅳ   D. Ⅰ、Ⅱ、Ⅲ、Ⅳ

【答案】C

【解析】Ⅲ项应为从事证券交易时间不足半年。

56. 根据融资融券业务合同必备条款的相关规定，合同应载明的事项包

括( )。

Ⅰ.当事人姓名、住所等相关信息

Ⅱ.约定融资融券特定的财产信托关系

Ⅲ.融资融券交易的主要业务操作环节

Ⅳ.约定融资融券交易所涉及的权益处理事项

A. Ⅰ、Ⅱ、Ⅲ B. Ⅰ、Ⅲ、Ⅳ
C. Ⅱ、Ⅲ、Ⅳ D. Ⅰ、Ⅱ、Ⅲ、Ⅳ

【答案】D

【解析】选项全部正确。

57.《融资融券交易风险揭示书》中向客户提示的风险应包括( )。

Ⅰ.政策风险 Ⅱ.市场风险 Ⅲ.系统风险 Ⅳ.违约风险

A. Ⅰ、Ⅱ、Ⅲ B. Ⅰ、Ⅲ、Ⅳ
C. Ⅱ、Ⅲ、Ⅳ D. Ⅰ、Ⅱ、Ⅲ、Ⅳ

【答案】D

【解析】选项全部正确。此外还包括特有的投资风险放大等风险。

58.客户在从事融资融券交易期间,可能面临的风险或损失包括( )。

Ⅰ.担保物被强制平仓

Ⅱ.融资融券成本增加

Ⅲ.因标的证券终止上市,被提前了结融资融券交易

Ⅳ.因融资融券标的证券范围调整,被提前了结融资融券交易

A. Ⅰ、Ⅱ B. Ⅲ、Ⅳ
C. Ⅰ、Ⅱ、Ⅳ D. Ⅰ、Ⅱ、Ⅲ、Ⅳ

【答案】D

【解析】选项全部正确。

59.客户在证券公司开妥信用证券账户和信用资金账户后,应向证券公司提交融资融券保证金,保证金应为( )。

Ⅰ.现金 Ⅱ.现货黄金 Ⅲ.上市证券 Ⅳ.证券公司认可的不动产

A. Ⅰ、Ⅱ、Ⅲ B. Ⅰ、Ⅲ、Ⅳ C. Ⅱ、Ⅲ、Ⅳ D. Ⅰ、Ⅱ、Ⅳ

【答案】B

【解析】保证金应为现金或上市证券。客户经证券公司认可后，可提交除可冲抵保证金证券以外的其他证券、不动产、股权等资产。

60. 融资融券业务中，标的证券为股票的，必须满足在最近 3 个月内没有出现下列（　　）情形之一。

Ⅰ．日均换手率低于基准指数日均换手率的 15%，且日均成交金额小于 5000 万元

Ⅱ．日均涨跌幅平均值与基准指数涨跌幅平均值的偏离值超过 4%

Ⅲ．日均涨幅平均值与基准指数涨幅平均值的偏离值不超过 5%

Ⅳ．波动幅度达到基准指数波动幅度的 5 倍以上

A．Ⅰ、Ⅲ　　　B．Ⅲ、Ⅳ　　　C．Ⅱ、Ⅳ　　　D．Ⅰ、Ⅱ、Ⅳ

【答案】D

【解析】融资融券业务中，标的证券为股票的，必须满足在最近 3 个月内没有出现下列情形之一：日均换手率低于基准指数日均换手率的 15%，且日均成交金额小于 5000 万元；日均涨跌幅平均值与基准指数涨跌幅平均值的偏离值超过 4%；波动幅度达到基准指数波动幅度的 5 倍以上。

61. 融资融券的标的证券为交易型开放式基金（ETF）的，应当符合下列条件（　　）。

Ⅰ．上市交易超过 5 个交易日的

Ⅱ．最近 5 个交易日内的日平均资产规模不低于 3 亿元

Ⅲ．基金持有户数不少于 2000 户

Ⅳ．交易所规定的其他条件

A．Ⅰ、Ⅱ、Ⅲ　　　　　　　　B．Ⅰ、Ⅲ、Ⅳ

C．Ⅱ、Ⅲ、Ⅳ　　　　　　　　D．Ⅰ、Ⅱ、Ⅲ、Ⅳ

【答案】B

【解析】Ⅱ项应为最近 5 个交易日内的日平均资产规模不低于 5 亿元。

62. 融资融券的标的证券为债券的，应当符合下列条件（　　）。

Ⅰ．债券托管面值在 1 亿元以上

Ⅱ．债券信用评级在 AA 级（含）以上

Ⅲ. 债券剩余期限在 2 年以上

Ⅳ. 交易所规定的其他情形

A. Ⅰ、Ⅱ、Ⅲ
B. Ⅰ、Ⅲ、Ⅳ
C. Ⅰ、Ⅱ、Ⅳ
D. Ⅰ、Ⅱ、Ⅲ、Ⅳ

【答案】 C

【解析】 Ⅲ项债券剩余期限在 1 年以上。

63. 可以动用证券公司客户信用交易担保证券账户内的证券和客户信用交易担保资金账户的资金的情形有（　　）。

Ⅰ. 为客户进行融资融券交易的结算

Ⅱ. 收取客户应当归还的资金、证券

Ⅲ. 收取客户应当支付的利息、费用、税款

Ⅳ. 按照规定或约定处分担保物

A. Ⅰ、Ⅱ
B. Ⅰ、Ⅲ
C. Ⅱ、Ⅲ、Ⅳ
D. Ⅰ、Ⅱ、Ⅲ、Ⅳ

【答案】 D

【解析】 选项全部正确。此外还包括收取客户应当支付的违约金；客户提取还本付息、支付税款及违约金后的剩余证券和资金；以及法律行政法规和该办法规定的其他情形。

64. 客户信用交易担保证券账户记录的证券，由证券公司以自己的名义，为客户的利益，行使对证券发行人的权利。对证券发行人的权利包括（　　）等。

Ⅰ. 请求召开证券持有人会议

Ⅱ. 参加证券持有人会议

Ⅲ. 配售股份的认购

Ⅳ. 请求分配投资收益

A. Ⅰ、Ⅱ、Ⅲ
B. Ⅰ、Ⅲ、Ⅳ
C. Ⅱ、Ⅲ、Ⅳ
D. Ⅰ、Ⅱ、Ⅲ、Ⅳ

【答案】 D

【解析】 选项全部正确。

65. 证券金融公司不以盈利为目的,履行下列职责( )。

Ⅰ. 为证券公司融资融券业务提供资金和证券的转融通服务

Ⅱ. 对证券公司融资融券业务运行情况进行监控

Ⅲ. 遵循审慎原则,审核、选取并确定可冲抵保证金证券的名单,并向市场公布

Ⅳ. 为客户融资融券交易进行结算服务

A. Ⅰ、Ⅱ
B. Ⅰ、Ⅱ、Ⅲ
C. Ⅲ、Ⅳ
D. Ⅰ、Ⅱ、Ⅲ、Ⅳ

【答案】A

【解析】证券金融公司的职责除Ⅰ项、Ⅱ项外,还包括监测全市场融资融券交易情况,运用市场化手段防控风险和中国证监会确定的其他职责。

66. 证券金融公司开展转融通业务,可以使用的资金和证券包括( )。

Ⅰ. 自有资金和证券

Ⅱ. 通过证券交易所的业务平台融入的资金和证券

Ⅲ. 通过证券金融公司的业务平台融入的资金

Ⅳ. 通过发行公司债券依法筹集的资金

A. Ⅰ、Ⅱ
B. Ⅰ、Ⅱ、Ⅲ
C. Ⅲ、Ⅳ
D. Ⅰ、Ⅱ、Ⅲ、Ⅳ

【答案】D

【解析】选项全部正确。

67. 证券金融公司应当遵守的风险控制指标包括( )。

Ⅰ. 净资本与各项风险资本准备之和的比例不得低于100%

Ⅱ. 对单一证券公司转融通的余额,不得超过证券金融公司净资本的50%

Ⅲ. 融出的每种证券余额不得超过该证券上市可流通市值的10%

Ⅳ. 冲抵保证金的每种证券余额不得超过该证券总市值的15%

A. Ⅰ、Ⅱ
B. Ⅰ、Ⅱ、Ⅲ
C. Ⅲ、Ⅳ
D. Ⅰ、Ⅱ、Ⅲ、Ⅳ

【答案】D

【解析】选项全部正确。

68. 符合条件的(　　)等机构投资者以及参与科创板发行人首次公开发行的战略投资者，可以作为出借人，通过约定申报和非约定申报方式参与科创板证券出借。

Ⅰ. 公募基金　　Ⅱ. 社保基金　　Ⅲ. 保险资金　　Ⅳ. 私募基金

A. Ⅰ、Ⅱ、Ⅲ　　　　　　　　　B. Ⅰ、Ⅲ、Ⅳ
C. Ⅱ、Ⅲ、Ⅳ　　　　　　　　　D. Ⅰ、Ⅱ、Ⅳ

【答案】A

【解析】符合条件的公募基金、社保基金、保险资金等机构投资者，可以参与科创板证券出借。

69. 证券公司作为借入人，通过约定申报和非约定申报方式参与科创板转融券业务需要符合的条件包括(　　)。

Ⅰ. 具有融资融券业务资格，并已开通转融通业务权限
Ⅱ. 业务管理制度和风险控制制度健全，具有切实可行的业务实施方案
Ⅲ. 技术系统准备就绪
Ⅳ. 参与科创板转融券业务应当具备证券金融公司规定的其他条件

A. Ⅰ、Ⅱ、Ⅲ　　　　　　　　　B. Ⅰ、Ⅲ、Ⅳ
C. Ⅱ、Ⅲ、Ⅳ　　　　　　　　　D. Ⅰ、Ⅱ、Ⅲ、Ⅳ

【答案】D

【解析】选项全部正确。

70. 以下有关股票质押式回购业务的相关规则，说法错误的是(　　)。

Ⅰ. 证券公司代理进行股票质押回购交易申报的，未经委托进行虚假交易申报的，证券公司承担全部法律责任
Ⅱ. 证券公司应建立健全融出方资质审查制度
Ⅲ. 融入方可以是金融机构或从事贷款业务的其他机构
Ⅳ. 证券公司及其资产管理子公司管理的公开募集集合资产管理计划可作为融出方参与股票质押回购

A. Ⅰ、Ⅱ、Ⅲ　　　　　　　　　B. Ⅰ、Ⅲ、Ⅳ
C. Ⅱ、Ⅲ、Ⅳ　　　　　　　　　D. Ⅰ、Ⅱ、Ⅲ、Ⅳ

【答案】C

【解析】Ⅱ项证券公司应建立健全融入方资质审查制度；Ⅲ项融入方不得是金融机构或从事贷款业务的其他机构；Ⅳ项证券公司及其资产管理子公司管理的公开募集集合资产管理计划不得作为融出方参与股票质押回购。

71. 关于质押式报价回购业务的说法，正确的是（　　）。

Ⅰ. 证券公司应当合理确定和控制报价回购业务规模，并向交易所报备

Ⅱ. 中国结算依据交易所确认的成交结果为报价回购的初始交易与购回交易提供相关登记结算服务

Ⅲ. 证券公司与客户之间的纠纷，不影响中国结算依据交易所成交结果已经办理或正在办理的相关登记结算业务

Ⅳ. 证券公司应遵循诚实信用原则，如实向交易所交易系统申报其与客户已经达成的真实交易意向，不得擅自伪造、篡改或进行虚假申报

A. Ⅰ、Ⅱ、Ⅲ
B. Ⅰ、Ⅲ、Ⅳ
C. Ⅱ、Ⅲ、Ⅳ
D. Ⅰ、Ⅱ、Ⅲ、Ⅳ

【答案】D

【解析】选项全部正确。

72. 股票质押式回购融入方违约，根据《业务协议》的约定须处置质押标的证券的，对于无限售条件股份，通过交易所进行处置的，证券公司处理程序为（　　）。

Ⅰ. 证券公司应及时通知交易双方并报告证券交易所

Ⅱ. T日证券公司根据《业务协议》约定，向证券交易所交易系统提交违约处置申报

Ⅲ. T+1日起证券公司可根据《业务协议》的约定处置标的证券，处置所得优先偿付融出方

Ⅳ. 违约处置后，证券公司应向交易所提交终止购回申报

A. Ⅰ、Ⅱ、Ⅲ
B. Ⅰ、Ⅱ、Ⅳ
C. Ⅱ、Ⅲ、Ⅳ
D. Ⅰ、Ⅱ、Ⅲ、Ⅳ

【答案】D

【解析】选项全部正确。

73. 质押式报价回购交易的异常情况一般包括(　　)。

Ⅰ. 证券公司质押专用证券账户质押券或质押现金被司法等机关冻结或强制执行

Ⅱ. 证券公司被暂停或终止报价回购式证券交易权限

Ⅲ. 证券公司进入风险处置或破产程序

Ⅳ. 质押券中的债券到期

A. Ⅰ、Ⅱ、Ⅲ　　　　　　　　B. Ⅰ、Ⅳ
C. Ⅱ、Ⅲ、Ⅳ　　　　　　　　D. Ⅰ、Ⅱ、Ⅲ、Ⅳ

【答案】D

【解析】选项全部正确。

74. 根据证券公司自营业务涉及的法律及行政法规，下列说法中正确的有(　　)。

Ⅰ. 《中华人民共和国证券法》对证券公司的证券自营业务作出了原则性规定

Ⅱ. 《证券公司监督管理条例》对证券公司证券自营业务作出一般或基本规定

Ⅲ. 《中华人民共和国证券法》《证券公司监督管理条例》是监管机构制定自营业务相关监管政策、实施监督管理的重要法律依据

Ⅳ. 证券公司证券自营业务涉及的部门规章及规范性文件不包括《证券公司内部控制指引》

A. Ⅰ、Ⅱ、Ⅲ　　　　　　　　B. Ⅰ、Ⅳ
C. Ⅱ、Ⅲ、Ⅳ　　　　　　　　D. Ⅰ、Ⅱ、Ⅲ、Ⅳ

【答案】A

【解析】证券公司证券自营业务涉及的部门规章及规范性文件包括《证券公司内部控制指引》。

75. 不具备证券自营业务资格的证券公司，其自有资金能够从事(　　)。

Ⅰ. 不以对冲风险为目的的股指期货交易

Ⅱ. 以对冲风险为目的的股指期货交易

Ⅲ. 以套期保值为目的，参与国债期货交易

Ⅳ. 国债交易，且投资规模符合相关规定

A. Ⅰ、Ⅱ B. Ⅲ、Ⅳ C. Ⅱ、Ⅲ、Ⅳ D. Ⅰ、Ⅳ

【答案】C

【解析】不具备证券自营业务资格的证券公司只能以对冲风险为目的，从事金融衍生产品交易，其自有资金，只能以套期保值为目的，参与国债期货交易。

76. 下列关于证券自营业务的说法中，正确的有（　　）。

Ⅰ. 证券公司可以设立子公司开展自营业务

Ⅱ. 证券公司可以委托具备证券资产管理业务资格的其他证券公司进行证券投资管理

Ⅲ. 证券公司可以委托基金管理公司进行证券投资管理

Ⅳ. 证券公司可以从事金融衍生产品交易

A. Ⅰ、Ⅱ、Ⅲ B. Ⅲ、Ⅳ

C. Ⅰ、Ⅱ、Ⅳ D. Ⅰ、Ⅱ、Ⅲ、Ⅳ

【答案】D

【解析】选项全部正确。

77. 董事会是证券公司从事证券自营业务的最高决策机构，董事会在严格遵守监管法规中关于自营业务规模等风险控制指标规定的基础上，根据公司资产、负债等情况确定（　　）等。

Ⅰ. 资产配置策略　　Ⅱ. 自营业务规模

Ⅲ. 投资品种　　　　Ⅳ. 可承受的风险限额

A. Ⅰ、Ⅱ B. Ⅰ、Ⅲ C. Ⅱ、Ⅲ D. Ⅱ、Ⅳ

【答案】D

【解析】证券公司董事会根据公司资产、负债、损益和资本充足率等情况，确定自营业务规模、可承受的风险限额等。

78. 证券公司自营业务的投资决策机构负责确定（　　）。

Ⅰ. 自营业务规模　　Ⅱ. 资产配置策略

Ⅲ. 可承受的风险限额　Ⅳ. 投资品种

A. Ⅰ、Ⅲ B. Ⅰ、Ⅱ、Ⅲ C. Ⅱ、Ⅳ D. Ⅱ、Ⅲ、Ⅳ

【答案】C

【解析】投资决策机构负责确定具体的资产配置策略、投资事项和投资品种。

79. 证券公司的证券自营业务中涉及(　　)等方面的重大决策应当经过集体决策并采取书面形式，由相关人员签字确认后存档。

Ⅰ. 自营规模　　Ⅱ. 风险限额　　Ⅲ. 资产配置　　Ⅳ. 业务授权

A. Ⅰ、Ⅱ、Ⅲ　　　　　　　　　B. Ⅰ、Ⅲ、Ⅳ
C. Ⅰ、Ⅱ、Ⅳ　　　　　　　　　D. Ⅰ、Ⅱ、Ⅲ、Ⅳ

【答案】D

【解析】选项全部正确。

80. 证券公司自营业务部门的职责不包括(　　)。

Ⅰ. 自营账户开户　　Ⅱ. 自营账户使用登记

Ⅲ. 自营账户销户　　Ⅳ. 自营业务所需资金的调度

A. Ⅰ、Ⅱ、Ⅲ　　　　　　　　　B. Ⅰ、Ⅲ、Ⅳ
C. Ⅱ、Ⅲ、Ⅳ　　　　　　　　　D. Ⅰ、Ⅱ、Ⅲ、Ⅳ

【答案】D

【解析】自营业务必须以证券公司自身名义、通过专用自营席位进行，并由非自营业务部门负责自营账户的管理，包括开户、销户、使用登记等；由非自营业务部门负责自营业务所需资金的调度。

81. 下列属于证券自营业务的禁止行为的是(　　)。

Ⅰ. 假借他人名义或者以个人名义进行自营业务

Ⅱ. 委托他人代为买卖证券

Ⅲ. 将自营业务与代理业务混合操作

Ⅳ. 将自营业务借给他人使用

A. Ⅰ、Ⅱ、Ⅲ　　　　　　　　　B. Ⅰ、Ⅲ、Ⅳ
C. Ⅱ、Ⅲ、Ⅳ　　　　　　　　　D. Ⅰ、Ⅱ、Ⅲ、Ⅳ

【答案】D

【解析】选项全部正确。

82. 证券公司对其证券自营业务与其他业务不依法分开办理，混合操作的，应( )。

Ⅰ. 责令改正，没收违法所得

Ⅱ. 处以30万元以上60万元以下的罚款

Ⅲ. 处以违法所得1倍以上5倍以下的罚款

Ⅳ. 情节严重的，撤销相关业务许可

A. Ⅰ、Ⅱ　　B. Ⅰ、Ⅲ　　C. Ⅰ、Ⅲ、Ⅳ　　D. Ⅰ、Ⅳ

【答案】D

【解析】证券公司对其证券自营业务与其他业务不依法分开办理，混合操作的，责令改正，给予警告，没收违法所得，并处以违法所得一倍以上十倍以下的罚款，没有违法所得或者违法所得不足50万元的，处以50万元以上500万元以下的罚款，情节严重的，并处撤销相关业务许可。

83. 根据《刑法》第一百八十二条规定，有下列( )情形之一，操纵证券、期货市场，情节严重的，处5年以下有期徒刑或者拘役，并处或者单处罚金；情节特别严重的，处5年以上10年以下有期徒刑，并处罚金。

Ⅰ. 单独或者合谋，集中资金优势、持股或者持仓优势或者利用信息优势联合或者连续买卖，操纵证券、期货交易价格或者证券、期货交易量的

Ⅱ. 与他人串通，以事先约定的时间、价格和方式相互进行证券、期货交易，影响证券、期货交易价格或者证券、期货交易量的

Ⅲ. 在自己实际控制的账户之间进行证券交易，或者以自己为交易对象，自买自卖期货合约，影响证券、期货交易价格或者证券、期货交易量的

Ⅳ. 以其他方法操纵证券、期货市场的

A. Ⅰ、Ⅱ、Ⅲ　　　　　　　B. Ⅰ、Ⅲ、Ⅳ

C. Ⅱ、Ⅲ、Ⅳ　　　　　　　D. Ⅰ、Ⅱ、Ⅲ、Ⅳ

【答案】D

【解析】选项全部正确。

84. 集合资产管理计划成立应当具备( )条件。

Ⅰ. 募集金额达到资产管理合同约定的成立规模

Ⅱ. 投资者人数不少于5人

Ⅲ. 不违反中国证监会规定的最低成立规模

Ⅳ. 募集过程符合法律、行政法规和中国证监会的规定
A. Ⅰ、Ⅱ、Ⅲ B. Ⅰ、Ⅲ、Ⅳ
C. Ⅰ、Ⅱ、Ⅳ D. Ⅰ、Ⅱ、Ⅲ、Ⅳ

【答案】B

【解析】投资者人数不少于2人。

85. 资产管理计划可以投资于以下( )资产。
Ⅰ. 央行票据 Ⅱ. 上市公司股票 Ⅲ. 金融衍生品 Ⅳ. 公募基金
A. Ⅰ、Ⅱ、Ⅲ B. Ⅰ、Ⅲ、Ⅳ
C. Ⅰ、Ⅱ、Ⅳ D. Ⅰ、Ⅱ、Ⅲ、Ⅳ

【答案】D

【解析】选项全部正确。资产管理计划的投资范围非常广泛。

86. 资产管理计划的投资者主要享有的权利包括( )。
Ⅰ. 分享资产管理计划财产收益
Ⅱ. 取得分配清算后的剩余资产管理计划财产
Ⅲ. 监督管理人、托管人履行投资管理及托管义务的情况
Ⅳ. 根据合同的规定，参加或申请召集资产管理计划的信息披露资料
A. Ⅰ、Ⅱ、Ⅲ B. Ⅱ、Ⅲ、Ⅳ
C. Ⅰ、Ⅲ、Ⅳ D. Ⅰ、Ⅱ、Ⅲ、Ⅳ

【答案】D

【解析】选项全部正确。

87. 有下列( )情形之一的，资产管理计划应当终止。
Ⅰ. 资产管理计划存续期届满且不展期
Ⅱ. 经全体投资者、证券公司和托管人协商一致决定终止的
Ⅲ. 集合资产管理计划存续期间，持续3个工作日投资者少于2人
Ⅳ. 发生资产管理合同约定的应当终止的情形
A. Ⅰ、Ⅱ、Ⅲ B. Ⅰ、Ⅱ、Ⅳ
C. Ⅰ、Ⅲ、Ⅳ D. Ⅰ、Ⅱ、Ⅲ、Ⅳ

【答案】B

【解析】Ⅲ项应为集合资产管理计划存续期间，持续5个工作日投资者

少于 2 人。

88. 证券公司应当将受托财产交由依法取得基金托管资格的托管机构，实施独立托管，托管人应当履行(　　)职责。

Ⅰ. 安全保管资产管理计划财产

Ⅱ. 按照资产管理合同约定，根据管理人的投资指令，及时办理清算交割事宜

Ⅲ. 监督管理人的投资运作，发现管理人的投资或者清算指令，违反法律应当拒绝执行，并向中国证监会相关派出机构和证券投资基金业协会报告

Ⅳ. 出具资产管理计划财务会计报告

A. Ⅰ、Ⅱ、Ⅲ
B. Ⅰ、Ⅱ、Ⅳ
C. Ⅰ、Ⅲ、Ⅳ
D. Ⅰ、Ⅱ、Ⅲ、Ⅳ

【答案】A

【解析】Ⅳ项应为对资产管理计划财务会计报告、年度报告出具意见。

89. 规范金融机构资产管理业务主要遵循原则包括(　　)。

Ⅰ. 坚持严控风险的底线思维

Ⅱ. 坚持服务实体经济的根本目标

Ⅲ. 坚持有的放矢的问题导向

Ⅳ. 坚持积极稳妥审慎推进

A. Ⅰ、Ⅱ、Ⅲ
B. Ⅰ、Ⅱ、Ⅳ
C. Ⅰ、Ⅲ、Ⅳ
D. Ⅰ、Ⅱ、Ⅲ、Ⅳ

【答案】D

【解析】选项全部正确。此外还包括坚持宏观审慎管理与微观审慎监管相结合，机构监管与功能监管相结合的监管理念。

90. 标准化债权类资产应当同时满足的条件有(　　)。

Ⅰ. 等分化，可交易

Ⅱ. 信息披露充分，集中登记，独立托管

Ⅲ. 公允定价，流动性机制完善

Ⅳ. 在银行间市场、证券交易所市场等经国务院同意设立的交易场所交易

A. Ⅰ、Ⅱ、Ⅲ   B. Ⅰ、Ⅲ、Ⅳ
C. Ⅱ、Ⅲ、Ⅳ   D. Ⅰ、Ⅱ、Ⅲ、Ⅳ

【答案】D

【解析】选项全部正确。

91. 资产证券化业务中的基础资产特征包括(　　)。

Ⅰ. 符合法律法规规定，权属明确

Ⅱ. 可以产生独立、可预测的现金流

Ⅲ. 资产证券化循环购买纳入预算额度

Ⅳ. 财产权利或者财产可特定化

A. Ⅰ、Ⅱ、Ⅲ   B. Ⅰ、Ⅲ、Ⅳ
C. Ⅰ、Ⅱ、Ⅳ   D. Ⅰ、Ⅱ、Ⅲ、Ⅳ

【答案】C

【解析】基础资产是指符合法律法规规定，权属明确，可以产生独立、可预测的现金流且可特定化的财产权利或者财产。

92. 下列选项可以作为资产证券化的基础资产的有（　　）。

Ⅰ. 信托收益权　　Ⅱ. 土地转让收益权

Ⅲ. 采矿收益权　　Ⅳ. 高速公路收费权

A. Ⅰ、Ⅱ、Ⅲ   B. Ⅰ、Ⅳ
C. Ⅲ、Ⅳ   D. Ⅰ、Ⅲ、Ⅳ

【答案】B

【解析】基础资产可以是企业应收款、租赁债权、信贷资产、信托受益权等财产权利，基础设施、商业物业等不动产财产或不动产收益权，以及中国证监会认可的其他财产或财产权利。

93. 以基础资产产生现金流循环购买新的同类基础资产方式组成专项计划资产的，其法律文件应明确基础资产的(　　)。

Ⅰ. 购买条件　　Ⅱ. 购买规模　　Ⅲ. 政策风险　　Ⅳ. 流动性风险

A. Ⅰ、Ⅲ   B. Ⅰ、Ⅲ、Ⅳ
C. Ⅰ、Ⅱ、Ⅳ   D. Ⅰ、Ⅱ、Ⅲ、Ⅳ

【答案】C

【解析】法律文件应明确的内容包括：基础资产的购买条件、购买规模、流动性风险以及风险控制措施。

94. 下列关于合格境外机构投资者（以下简称QFII）境内证券投资的说法，符合规定的有(　　)。

Ⅰ. 单个境外投资者对单个上市公司的持股比例不得超过该公司股份总数的10%；所有境外投资者对单个上市公司A股的持股比例总和，不超过该上市公司股份总数的30%

Ⅱ. 合格境外投资者可以参与新股发行、债券发行、股票增发和配股的申购

Ⅲ. 合格境外投资者可以在证券登记结算机构申请开立证券账户

Ⅳ. 每个QFII只能委托1个托管人，并可以更换托管人

A. Ⅰ、Ⅱ、Ⅲ
B. Ⅰ、Ⅳ
C. Ⅲ、Ⅳ
D. Ⅰ、Ⅱ、Ⅲ、Ⅳ

【答案】D

【解析】选项全部正确。

95. 证券公司、托管人、销售机构和投资顾问等服务机构从事资产管理业务的，中国证监会及相关派出机构可以(　　)。

Ⅰ. 进行定期或者不定期的现场和非现场检查，相关机构应当予以配合

Ⅱ. 与中国人民银行，中国银行保险监督管理委员会建立监督管理信息共享机制，加强资产管理业务的统计信息共享

Ⅲ. 相关机构违反法律、行政法规及证监会其他规定的，对直接负责的主管人员和其他直接责任人员，采取监管谈话、出具警示函、责令参加培训、认定为不适当人选等行政监管措施

Ⅳ. 相关机构违反法律、行政法规及证监会其他规定情节严重的，对相关人员依法采取市场禁入措施

A. Ⅰ、Ⅱ、Ⅲ
B. Ⅰ、Ⅳ
C. Ⅲ、Ⅳ
D. Ⅰ、Ⅱ、Ⅲ、Ⅳ

【答案】D

【解析】选项全部正确。

96. 全国股份转让系统是经国务院批准，依据《证券法》设立的全国性证券交易场所，主要为(   )发展服务。

Ⅰ．创新型企业　　Ⅱ．创业型企业

Ⅲ．成熟型企业　　Ⅳ．成长型中小微企业

A．Ⅰ、Ⅱ、Ⅲ　　　　　　　　B．Ⅰ、Ⅲ、Ⅳ

C．Ⅰ、Ⅱ、Ⅳ　　　　　　　　D．Ⅰ、Ⅱ、Ⅲ、Ⅳ

【答案】C

【解析】全国股份转让系统，主要为创新型、创业型和成长型中小微企业提供资本市场服务。

97. 主办券商是指在全国股份转让系统从事下列(   )部分或全部业务的证券公司。

Ⅰ．推荐业务　　Ⅱ．经纪业务

Ⅲ．做市业务　　Ⅳ．全国股份转让系统公司规定的其他业务

A．Ⅰ、Ⅱ、Ⅲ　　　　　　　　B．Ⅰ、Ⅲ、Ⅳ

C．Ⅰ、Ⅱ、Ⅳ　　　　　　　　D．Ⅰ、Ⅱ、Ⅲ、Ⅳ

【答案】D

【解析】选项全部正确。

98. 股份有限公司申请股票在全国股份转让系统挂牌应当符合的条件包括(   )。

Ⅰ．主办券商推荐并持续督导

Ⅱ．依法设立且存续满两年

Ⅲ．业务明确，具有持续经营能力

Ⅳ．高新技术企业

A．Ⅰ、Ⅱ、Ⅲ　　　　　　　　B．Ⅰ、Ⅲ、Ⅳ

C．Ⅰ、Ⅱ、Ⅳ　　　　　　　　D．Ⅰ、Ⅱ、Ⅲ、Ⅳ

【答案】A

【解析】在全国股份转让系统挂牌，不受股东所有制性质的限制，不限于高新技术企业。

99. 挂牌公司控股股东及实际控制人在挂牌前直接或间接持有的股票分

三批解除转让限制,每批解除转让限制的数量均为其挂牌前所持股票 1/3,解除转让限制的时间分别为(　　)。

Ⅰ.挂牌之日　　　　Ⅱ.挂牌期满半年
Ⅲ.挂牌期满一年　　Ⅳ.挂牌期满两年

A. Ⅰ、Ⅱ、Ⅲ　　　　　　　B. Ⅰ、Ⅲ、Ⅳ
C. Ⅰ、Ⅱ、Ⅳ　　　　　　　D. Ⅱ、Ⅲ、Ⅳ

【答案】B

【解析】挂牌公司控股股东及实际控制人在挂牌前,直接或间接持有的股票解除转让限制的时间分别为挂牌之日、挂牌期满一年和二年。

100. 下列关于非上市公众公司股票定向发行的说法,正确的有(　　)。

Ⅰ.股票定向发行,需要向符合《公众公司办法》规定的特定对象发行股票

Ⅱ.发行人定向发行后,股东累计不超过 200 人的,由全国股转公司自律审查

Ⅲ.主办券商应当对发行人的信息披露文件和申请文件进行全面核查,独立作出专业判断,并对文件的真实性、准确性、完整性负责

Ⅳ.全国股转公司对定向发行事项出具的自律审查意见不表明对申请文件及信息披露内容的真实性、准确性、完整性作出保证,也不表明对发行人股票投资价值或者投资者收益作出实质性判断或保证

A. Ⅰ、Ⅱ、Ⅲ　　　　　　　B. Ⅰ、Ⅲ、Ⅳ
C. Ⅰ、Ⅱ、Ⅳ　　　　　　　D. Ⅰ、Ⅱ、Ⅲ、Ⅳ

【答案】D

【解析】选项全部正确。

101. 除金融类企业外,向不特定对象公开募集股份的,募集资金使用项目不得用于(　　)等财务性投资的情形。

Ⅰ.持有交易性金融资产
Ⅱ.其他权益工具投资
Ⅲ.借予他人
Ⅳ.委托理财

A. Ⅰ、Ⅱ、Ⅲ　　　　　　　B. Ⅰ、Ⅲ、Ⅳ

C. Ⅰ、Ⅱ、Ⅳ   D. Ⅰ、Ⅱ、Ⅲ、Ⅳ

【答案】 D

【解析】 选项全部正确。

102. 公众公司及其控股或者控制的公司购买、出售资产，达到下列（　　）标准之一的，构成重大资产重组。

Ⅰ．购买、出售的资产总额占公众公司最近一个会计年度经审计的合并财务会计报表期末资产总额的比例达到50%以上

Ⅱ．购买、出售的资产总额占公众公司最近一个会计年度经审计的合并财务会计报表期末资产总额的比例达到100%以上

Ⅲ．购买、出售的资产净额占公众公司最近一个会计年度经审计的合并财务会计报表期末净资产额的比例达到50%以上，且购买、出售的资产总额占公众公司最近一个会计年度经审计的合并财务会计报表期末资产总额的比例达到30%以上

Ⅳ．购买、出售的资产净额占公众公司最近一个会计年度经审计的合并财务会计报表期末净资产额的比例达到100%以上，且购买、出售的资产总额占公众公司最近一个会计年度经审计的合并财务会计报表期末资产总额的比例达到30%以上

A. Ⅰ、Ⅲ   B. Ⅰ、Ⅳ   C. Ⅱ、Ⅳ   D. Ⅱ、Ⅲ

【答案】 A

【解析】 公众公司及其控股或者控制的公司购买、出售资产，达到下列标准之一的，构成重大资产重组：购买、出售的资产总额占公众公司最近一个会计年度经审计的合并财务会计报表期末资产总额的比例达到50%以上；购买、出售的资产净额占公众公司最近一个会计年度经审计的合并财务会计报表期末净资产额的比例达到50%以上，且购买、出售的资产总额占公众公司最近一个会计年度经审计的合并财务会计报表期末资产总额的比例达到30%以上。

103. 公众公司召开董事会决议重大资产重组事项，应当在披露决议的同时披露以下文件（　　）等，其中董事会还应当就召开股东大会事项作出安排并披露。

Ⅰ．重大资产重组报告书   Ⅱ．独立财务顾问报告

Ⅲ. 法律意见书　　　　　Ⅳ. 资产评估报告
A. Ⅰ、Ⅱ、Ⅲ　　　　　　　　B. Ⅰ、Ⅲ、Ⅳ
C. Ⅰ、Ⅱ、Ⅳ　　　　　　　　D. Ⅰ、Ⅱ、Ⅲ、Ⅳ
【答案】D
【解析】选项全部正确。此外还包括重组涉及的审计报告。

104. 以下属于不得收购公众公司的情形是(　　)。
　Ⅰ. 收购人负有数额较大债务，到期未清偿，且处于持续状态
　Ⅱ. 收购人最近2年因违法行为受到工商主管部门停业整顿，没收违法所得的行政处罚
　Ⅲ. 收购人最近2年有严重的证券市场失信行为
　Ⅳ. 收购人担任过破产清算公司的董事并负有主要责任，且该公司破产清算完结之日至今未逾三年
A. Ⅰ、Ⅱ、Ⅲ　　　　　　　　B. Ⅰ、Ⅲ、Ⅳ
C. Ⅰ、Ⅱ、Ⅳ　　　　　　　　D. Ⅰ、Ⅱ、Ⅲ、Ⅳ
【答案】D
【解析】选项全部正确。

105. 以下属于全国股转公司可以实施的自律监管措施有(　　)。
　Ⅰ. 约见谈话　　　Ⅱ. 要求提交书面承诺
　Ⅲ. 出具警示函　　Ⅳ. 限制证券账户交易
A. Ⅰ、Ⅱ、Ⅲ　　　　　　　　B. Ⅰ、Ⅲ、Ⅳ
C. Ⅰ、Ⅱ、Ⅳ　　　　　　　　D. Ⅰ、Ⅱ、Ⅲ、Ⅳ
【答案】D
【解析】选项全部正确。

106. 下列属于全国股转公司可以视情节轻重，对保荐代表人采取自律监管措施或纪律处分的情形有(　　)。
　Ⅰ. 股票公开发行当年累计50%以上募集资金的用途与承诺不符
　Ⅱ. 股票公开发行并在精选层挂牌之日起12个月内，控股股东或者实际控制人发生变更
　Ⅲ. 实际盈利低于盈利预测达20%以上

Ⅳ. 关联交易显失公允或者程序违规涉及金额较大

A. Ⅰ、Ⅱ、Ⅲ   B. Ⅰ、Ⅲ、Ⅳ
C. Ⅰ、Ⅱ、Ⅳ   D. Ⅰ、Ⅱ、Ⅲ、Ⅳ

【答案】 D

【解析】 选项全部正确。

107. 下列关于证券公司柜台市场发行、销售与转让产品的说法，正确的有(   )。

Ⅰ. 除金融监管部门明确规定事后备案的私募产品外，在柜台市场发行、销售与转让的产品必须事前审批、备案

Ⅱ. 证券公司不得采取做市、拍卖竞价等方式销售与转让私募产品

Ⅲ. 证券公司在柜台市场发行、销售与转让的产品包括但不限于以非公开募集方式承销的公司债务融资工具

Ⅳ. 证券公司在柜台市场发行、销售与转让的产品包括但不限于银行、保险公司、信托公司等其他机构设立并通过证券公司发行、销售与转让的产品

A. Ⅰ、Ⅱ   B. Ⅰ、Ⅳ
C. Ⅱ、Ⅲ   D. Ⅲ、Ⅳ

【答案】 D

【解析】 Ⅰ项除金融监管部门明确规定事前备案的私募产品外，在柜台市场发行、销售与转让的私募产品直接实行事后备案；Ⅱ项证券公司可以采取协议、报价、做市、拍卖竞价等方式销售与转让私募产品。

108. 证券公司在柜台市场开展业务，下列做法符合投资者适当性管理相关规定的有(   )。

Ⅰ. 证券公司按照法律法规、行业自律规则等建设投资者适当管理制度

Ⅱ. 证券公司在进行柜台交易前，了解投资者的身份、财产与收入状况、信用状况、投资经验、风险承受能力等情况

Ⅲ. 证券公司采取措施确保在柜台市场交易的私募产品持有人数量符合相关规定，并要求私募产品发行人承诺私募产品的持有人数量符合相关规定

Ⅳ. 证券公司进行金融衍生品柜台交易，向非金融机构投资者充分披露其与基础金融资产发行人等相关当事人之间存在的关联关系

A. Ⅰ、Ⅱ、Ⅲ   B. Ⅰ、Ⅲ、Ⅳ
C. Ⅲ、Ⅳ   D. Ⅰ、Ⅱ、Ⅲ、Ⅳ

【答案】D

【解析】选项全部正确。

109. 关于证券公司柜台市场业务自律管理的相关表述，正确的是( )。

Ⅰ. 证券公司应于每月结束后 3 个工作日内按要求向证券业协会报送柜台交易月度报表

Ⅱ. 柜台市场发生产生重大影响事项，或可能诱发证券公司风险的重大事件时，证券公司应当在该事项发生后 1 个交易日内向证券业协会报告

Ⅲ. 证券公司应当通过与报价系统联网的方式实现业务信息互联互通，信息范围限于私募产品的相关内容

Ⅳ. 证券业协会可以对证券公司柜台市场进行现场检查或非现场检查

A. Ⅰ、Ⅱ、Ⅲ、Ⅳ   B. Ⅰ、Ⅱ、Ⅳ
C. Ⅱ、Ⅳ   D. Ⅲ、Ⅳ

【答案】C

【解析】Ⅰ项证券公司应于每月结束后 5 个工作日内按要求向证券业协会报送柜台交易月度报表；Ⅲ项证券公司应当通过与报价系统联网的方式实现业务信息互联互通，信息范围包括但不限于私募产品。

110. 除了《证券公司监督管理条例》外，证券公司代销业务涉及的主要部门规章及其他规范性文件包括( )。

Ⅰ. 《证券投资基金销售管理办法》

Ⅱ. 《证券公司代销金融产品管理规定》

Ⅲ. 《证券投资基金销售适用性指导意见》

Ⅳ. 《证券投资基金销售机构内部控制指导意见》

A. Ⅰ、Ⅱ、Ⅲ   B. Ⅰ、Ⅲ
C. Ⅱ、Ⅲ、Ⅳ   D. Ⅰ、Ⅱ、Ⅲ、Ⅳ

【答案】D

【解析】选项全部正确。此外还包括《证券期货经营机构私募资产管理业务运作管理暂行规定》等。

111. 证券公司代销金融产品，应当遵守法律、行政法规和证监会的规定，遵循(　　)原则，避免利益冲突，不得损害客户合法权益。

Ⅰ. 自愿　　Ⅱ. 平等　　Ⅲ. 诚实信用　　Ⅳ. 公平

A. Ⅰ、Ⅱ、Ⅲ　　　　　　　　　B. Ⅰ、Ⅲ、Ⅳ

C. Ⅱ、Ⅲ、Ⅳ　　　　　　　　　D. Ⅰ、Ⅱ、Ⅲ、Ⅳ

【答案】D

【解析】选项全部正确。此外还包括适用性原则。

112. 证券公司代销金融产品，应当建立的制度包括(　　)。

Ⅰ. 委托人资格审查　　Ⅱ. 金融产品尽职调查

Ⅲ. 风险评估　　　　　Ⅳ. 销售适当性管理

A. Ⅱ、Ⅲ　　　　　　　　　　　B. Ⅰ、Ⅳ

C. Ⅱ、Ⅲ、Ⅳ　　　　　　　　　D. Ⅰ、Ⅱ、Ⅲ、Ⅳ

【答案】D

【解析】选项全部正确。

113. 证券公司在选择代销的金融产品时，应当充分了解金融产品的(　　)等信息。

Ⅰ. 发行依据　　Ⅱ. 基本性质　　Ⅲ. 投资安排　　Ⅳ. 风险收益特征

A. Ⅰ、Ⅲ　　　　　　　　　　　B. Ⅰ、Ⅲ、Ⅳ

C. Ⅱ、Ⅳ　　　　　　　　　　　D. Ⅰ、Ⅱ、Ⅲ、Ⅳ

【答案】D

【解析】选项全部正确。此外还包括管理费用等。

114. 关于从事金融产品代销业务，对代销机构和从业人员的资格要求，下列说法正确的是(　　)。

Ⅰ. 证券公司代销金融产品，应当按照《证券公司监督管理条例》的规定取得代销金融产品业务资格

Ⅱ. 未经注册，任何单位或者个人不得从事基金销售业务

Ⅲ. 从事基金销售业务的人员还应当取得基金从业资格

Ⅳ. 办理基金销售业务或者办理基金销售相关业务，并向基金销售机构收取以基金交易（含开户）为基础的相关佣金的机构应当向中国证监会派

出机构进行注册或者经中国证监会认定

A. Ⅰ、Ⅱ、Ⅲ
B. Ⅰ、Ⅲ
C. Ⅱ、Ⅲ、Ⅳ
D. Ⅰ、Ⅱ、Ⅲ、Ⅳ

【答案】D

【解析】选项全部正确。

115. 私募基金募集机构可以通过合法途径公开宣传的信息包括(　　)。

Ⅰ. 基金管理人的品牌

Ⅱ. 基金管理人的投资策略

Ⅲ. 基金管理人的高管信息

Ⅳ. 已备案的私募基金基本信息

A. Ⅰ、Ⅱ、Ⅲ
B. Ⅰ、Ⅲ
C. Ⅱ、Ⅲ、Ⅳ
D. Ⅰ、Ⅱ、Ⅲ、Ⅳ

【答案】D

【解析】选项全部正确。此外还包括私募基金管理人的管理团队、投资发展战略。

116. 根据《证券公司代销金融产品管理规定》，以下属于证券公司代销金融产品禁止性规定的是(　　)。

Ⅰ. 采取夸大宣传、虚假宣传等方式误导客户购买金融产品

Ⅱ. 采取赠送礼物的方式诱导客户购买金融产品

Ⅲ. 客户分享投资收益、分担投资损失

Ⅳ. 使用证券公司客户交易结算资金专用存款账户接收客户购买金融产品的资金

A. Ⅰ、Ⅱ、Ⅲ
B. Ⅰ、Ⅲ
C. Ⅱ、Ⅲ、Ⅳ
D. Ⅰ、Ⅱ、Ⅳ

【答案】A

【解析】Ⅳ项符合相关规范。

117. 募集机构在开展私募基金募集业务过程中违反规定，中国基金业协会可以视情节轻重对募集机构采取(　　)纪律处分。

Ⅰ. 要求限期改正　　Ⅱ. 要求参加强制培训

Ⅲ. 加入黑名单　　　　Ⅳ. 撤销管理人登记
A. Ⅰ、Ⅱ、Ⅲ
B. Ⅰ、Ⅲ、Ⅳ
C. Ⅰ、Ⅱ、Ⅳ
D. Ⅰ、Ⅱ、Ⅲ、Ⅳ

【答案】B

【解析】Ⅱ项要求参加强制培训属于针对相关工作人员采取的纪律处分。

118. 证券公司受期货公司委托从事中间介绍业务，应当提供的服务包括(　　)。
　Ⅰ. 协助办理开户手续　　Ⅱ. 代理客户进行期货交易
　Ⅲ. 提供期货行情信息　　Ⅳ. 为客户存取、划转期货保证金
A. Ⅰ、Ⅱ
B. Ⅰ、Ⅲ
C. Ⅱ、Ⅲ、Ⅳ
D. Ⅰ、Ⅱ、Ⅲ、Ⅳ

【答案】B

【解析】证券公司受期货公司委托从事中间介绍业务，应当提供下列服务：协助办理开户手续；提供期货行情信息、交易设施；中国证监会规定的其他服务。

119. 证券公司从事中间业务介绍，应当与期货公司签订书面委托协议，委托协议应当载明的事项包括(　　)。
　Ⅰ. 中间介绍业务的范围
　Ⅱ. 从证券资金账户为客户划转期货保证金的规则
　Ⅲ. 执行期货保证金安全存管制度的措施
　Ⅳ. 代理客户进行期货交易的授权认证方式
A. Ⅰ、Ⅱ
B. Ⅰ、Ⅲ
C. Ⅱ、Ⅳ
D. Ⅰ、Ⅲ、Ⅳ

【答案】B

【解析】Ⅱ项、Ⅳ项属于禁止行为。

120. 关于证券公司提供中间介绍业务的业务规则，下列说法正确的有(　　)。
　Ⅰ. 证券公司应当按照合规、审慎经营的原则，制定并有效执行中间介

绍业务规则、内部控制、合规检查等制度

Ⅱ．证券公司可以同时接受多个期货公司的委托从事中间介绍业务

Ⅲ．期货公司与证券公司应当建立中间介绍业务的对接规则

Ⅳ．证券公司与期货公司应当独立经营，保持财务、人员、经营场所等分开隔离

A．Ⅰ、Ⅱ
B．Ⅰ、Ⅲ、Ⅳ
C．Ⅱ、Ⅲ
D．Ⅱ、Ⅲ、Ⅳ

【答案】B

【解析】证券公司只能接受其全资拥有或者控股的，或者被同一机构控制的期货公司的委托，不能接受其他期货公司的委托，Ⅱ项错误。

121．证券公司应当在其经营场所显著位置或者其网站公开的信息包括（　　）。

Ⅰ．从事介绍业务的管理人员和业务人员的名单和照片

Ⅱ．受托从事的介绍业务范围

Ⅲ．期货公司期货保证金账户信息、期货保证金扣缴方式

Ⅳ．交易结算结果查询方式

A．Ⅰ、Ⅱ、Ⅲ
B．Ⅰ、Ⅲ、Ⅳ
C．Ⅰ、Ⅱ、Ⅳ
D．Ⅰ、Ⅱ、Ⅲ、Ⅳ

【答案】C

【解析】Ⅲ项应为期货公司期货保证金账户信息、期货保证金安全存管方式。此外还包括客户开户和交易流程，出入金流程；以及证监会规定的其他信息。

122．证券公司从事中间介绍业务，证券公司有下列（　　）行为的，按照《期货交易管理条例》处罚。

Ⅰ．未经许可擅自开展介绍业务

Ⅱ．对客户未充分揭示期货交易风险，进行虚假宣传，误导客户

Ⅲ．代理客户进行期货交易、结算或者交割

Ⅳ．利用客户资金账号进行期货交易

A．Ⅰ、Ⅱ、Ⅲ
B．Ⅰ、Ⅱ、Ⅳ
C．Ⅱ、Ⅲ、Ⅳ
D．Ⅰ、Ⅱ、Ⅲ、Ⅳ

【答案】D

【解析】选项全部正确。

123. 下列关于证券公司设立的另类投资子公司的说法,错误的是(　　)。

Ⅰ. 另类子公司可以下设子公司
Ⅱ. 证券公司应当将另类子公司的合规与风险管理纳入公司统一体系
Ⅲ. 另类子公司可以从事投资以外的业务
Ⅳ. 证券公司应当清晰划分证券公司与另类子公司的业务范围

A. Ⅰ、Ⅲ
B. Ⅱ、Ⅳ
C. Ⅱ、Ⅲ
D. Ⅰ、Ⅳ

【答案】A

【解析】Ⅰ项另类子公司不得再下设任何机构;Ⅲ项另类子公司不得从事投资业务之外的业务。

124. 根据《证券公司另类投资子公司管理规范》,下列说法正确的有(　　)。

Ⅰ. 证券公司应当对自营、另类投资等自有资金投资的业务实施另类管理,管理的尺度和标准应当有所区别
Ⅱ. 另类子公司应当指定高级管理人员担任合规及风险管理负责人,该合规及风险管理负责人不得兼任与其合规或风险管理职责相冲突的职务
Ⅲ. 证券公司及其他子公司与另类子公司存在利益冲突的人员不得兼任另类子公司的董事、监事、高级管理人员、投资决策机构成员
Ⅳ. 另类子公司与证券公司其他子公司之间,应当在人员、机构、资产、经营管理、业务运作、办公场所等方面相互独立、有效隔离

A. Ⅰ、Ⅱ、Ⅲ
B. Ⅰ、Ⅲ、Ⅳ
C. Ⅱ、Ⅲ、Ⅳ
D. Ⅰ、Ⅱ、Ⅳ

【答案】C

【解析】证券公司应当对自营、另类投资等自有资金投资的业务实施统一管理,管理的尺度和标准应当基本一致。

125. 根据《证券期货经营机构参与股票期权交易试点指引》规定,证

券公司从事股票期权经纪业务试点,应当符合的基本条件包括( )。

Ⅰ.具有证券经纪业务资格

Ⅱ.股票期权经纪业务制度健全

Ⅲ.配备5名同时取得证券和期货从业人员资格的专业人员

Ⅳ.公司及其董事、监事、高级管理人员最近1年内未因重大违法违规行为受到行政处罚或刑事处罚

A. Ⅰ、Ⅲ
B. Ⅱ、Ⅳ
C. Ⅰ、Ⅱ、Ⅲ、Ⅳ
D. Ⅰ、Ⅱ、Ⅳ

【答案】D

【解析】Ⅲ项应为拟负责股票期权经纪业务的高级管理人员,具备股票期权业务知识和相应的专业能力,配备3名具备相应专业能力的业务人员。

126. 下列关于证券公司开展股票期权业务的主要业务规则的说法,正确的有( )。

Ⅰ.投资者应当在证券公司、期货公司营业场所现场办理股票期权交易开户手续,并书面签署风险揭示书

Ⅱ.不具备证券自营业务资格的证券公司,其自有资金不能参与股票期权交易

Ⅲ.证券期货经营机构从事股票期权相关业务的,应当建立健全并有效执行信息隔离制度

Ⅳ.保证金以现金、证券交易所及证券登记结算机构认可的证券方式交纳

A. Ⅰ、Ⅱ、Ⅲ
B. Ⅰ、Ⅱ、Ⅳ
C. Ⅱ、Ⅲ、Ⅳ
D. Ⅰ、Ⅲ、Ⅳ

【答案】D

【解析】Ⅱ项不具备证券自营业务资格的证券公司,其自有资金只能以套期保值为目的参与股票期权交易。

127. 下列属于证券公司可以在区域性股权市场开展的业务的有( )。

Ⅰ.代理开立区域性股权市场证券账户

Ⅱ.与小额贷款公司合作,为企业提供融资服务

Ⅲ.推荐企业挂牌和展示

Ⅳ. 提供财务顾问的服务

A. Ⅰ、Ⅱ、Ⅳ 　　　　　　　　B. Ⅱ、Ⅳ
C. Ⅲ、Ⅳ   　　　　　　　　D. Ⅰ、Ⅱ、Ⅲ、Ⅳ

【答案】D

【解析】选项全部正确。

128. 根据《区域性股权市场自律管理与服务规范（试行）》规定，关于证券公司参与区域性股权市场，下列说法正确的有(　　)。

Ⅰ. 证券公司开展区域性股权市场业务，应当在每个月的前 10 个工作日内将上个月度业务开展情况报送至中国证监会

Ⅱ. 证券公司入股区域性股权市场运营机构，不得利用股东身份谋取不正当利益

Ⅲ. 证券公司分支机构可以经证券公司批准并在授权范围内开展区域性股权市场相关业务

Ⅳ. 证券公司及其从业人员应当勤勉尽责，严格遵守执业规范和执业道德，按规定和约定履行义务

A. Ⅰ、Ⅱ、Ⅲ 　　　　　　　　B. Ⅰ、Ⅲ、Ⅳ
C. Ⅱ、Ⅲ、Ⅳ 　　　　　　　　D. Ⅰ、Ⅱ、Ⅳ

【答案】C

【解析】证券公司开展区域性股权市场业务，应当在每个月的前 10 个工作日内将上个月度业务开展情况报送至中国证券业协会。

第四章　证券市场典型违法违规行为及法律责任

一、单项选择题

1. 下列情形中，不属于公开发行证券的是(　　)。
   A. 采用广告、推介会、说明会等方式向社会公众发行的
   B. 未采取公开劝诱方式向150人特定对象转让股票
   C. 未依法报经证监会核准向特定对象转让股票，转让后，公司股东累计超过200人
   D. 公司股东自行或委托他人以公开方式向社会公众转让股票

【答案】B

【解析】公开发行的条件：①向不特定对象发行证券；②向特定对象发行证券累计超过200人，但依法实施员工持股计划的员工人数不计算在内；③法律、行政法规规定的其他发行行为。非公开发行证券不得采用广告、公开劝诱或者变相公开方式。

2. 下列关于擅自发行股票、公司、企业债券罪的犯罪构成的说法，错误的是(　　)。
   A. 本罪的主体是一般主体，既可以是自然人，也可以是单位
   B. 客观方面，未经国家有关部门批准，擅自发行股票或者公司、企业债券，且数额巨大，后果严重或者有其他严重情节
   C. 本罪的客体是国家对发行股票或者公司、企业债券的管理秩序
   D. 本罪的主观方面是故意或过失

【答案】D

【解析】擅自发行股票、公司、企业债券罪的、主观方面是故意。

3. 下列关于欺诈发行股票、债券罪立案标准的说法，错误的是( )。

A. 发行数额在 200 万元以上的

B. 利用募集的资金进行违法活动的

C. 转移或者隐瞒所募集资金的

D. 伪造、变造国家公文、有效证明文件或相关凭证、单据

【答案】 A

【解析】 选项 A 应为发行数额在 500 万元以上。

4. 关于非法吸收公众存款罪，下列说法错误的是( )。

A. 单位非法吸收公众存款罪的，对单位判处罚金，并对其直接负责的主管人员和其他直接责任人员，依照《刑法》相关规定进行处罚

B. 非法吸收公众存款罪侵犯的客体是国家金融管理秩序

C. 非法吸收公众存款罪主体只能是单位，主观方面既可以是故意，也可以是过失

D. 非法吸收公众存款罪是指非法吸收公众存款或变相吸收公众存款，扰乱金融秩序的行为

【答案】 C

【解析】 非法吸收公众存款罪。犯罪主体为一般主体，包括自然人和单位，主观方面为故意。

5. 关于集资诈骗罪，下列说法正确的是( )。

A. 本罪与非法吸收公众存款罪的区别之一在于：集资诈骗罪是以非法牟利为目的，而非法吸收公众存款罪的目的在于非法占有资金

B. 本罪犯罪主体是特殊主体，只能是自然人

C. 集资诈骗罪的客观方面表现为使用诈骗方法进行集资行为

D. 犯罪的主观方面是故意或过失

【答案】 C

【解析】 集资诈骗犯罪主观方面是故意的，且以非法占有为目的。非法吸收公众存款罪，不具有非法占有的目的；选项 A、选项 D 错误；选项 B 集资诈骗罪的主体，包括自然人和单位。

6. 根据《中华人民共和国刑法》规定，( )是指依法负有信息披露

第四章 证券市场典型违法违规行为及法律责任

义务的公司、企业向股东和社会公众提供虚假的或者隐瞒重要事实的财务会计报告，或者对依法应当披露的其他重要信息不按照规定披露，严重损害股东或者其他人利益的行为。

A. 欺诈发行股票、债券罪

B. 擅自发行股票和公司、企业债券罪

C. 诱骗他人买卖证券罪

D. 违规披露、不披露重要信息罪

【答案】D

【解析】题干是违规披露、不披露重要信息罪。

7. 按照《最高人民检察院　公安部关于公安机关管辖的刑事案件立案追诉标准的规定（二）》第六条规定，有关违规披露、不披露重要信息罪的刑事立案追诉标准，选项涉嫌的情形中，不应予立案追诉（　　）。

A. 造成股东、债权人或其他人直接经济损失数额累计在 50 万元的

B. 虚增或者虚减资产达到当期披露的资产总额的 20% 的

C. 虚增或者虚减资产达到当期披露的利润总额的 40% 的

D. 未按照规定披露的重大诉讼、仲裁、担保、关联交易或者其他重大事项所涉及的数额或者连续 12 个月的累计数额占净资产 60%

【答案】B

【解析】虚增或者虚减资产达到当期披露的资产总额的 30% 的应予立案追究。

8. 根据《中华人民共和国证券法》，下列关于公开发行证券募集资金用途的说法，正确的是(　　)。

A. 对擅自改变用途的发行人、上市公司直接责任人员仅处警告处理，不处罚款

B. 对公开发行的股票、债券募集资金的用途均没有限制

C. 擅自改变用途而未作纠正的不得再次公开发行

D. 通过董事会的决议可以改变募集资金用途

【答案】C

【解析】选项 A 发行人违反规定擅自改变公开发行证券所募集资金的用途，责令改正，处以 50 万元以上 500 万元以下的罚款；选项 B 公司对公开

185

发行股票所募集资金，必须按照招股说明书或者其他公开发行募集文件，所列资金用途使用；选项 D 改变募集资金用途需要经股东大会认可。

9. 下列行为可认定为诱骗投资者买卖证券、期货合约罪的是( )。
   A. 过失损毁交易记录，致使投资者买卖证券
   B. 伪造交易记录，诱骗投资者买卖期货合约，造成严重后果
   C. 过失传播虚假信息，致使投资者买卖证券，造成严重后果
   D. 变造交易记录，诱骗投资者买卖期货合约，未造成严重后果
【答案】B
【解析】诱骗投资者买卖证券，期货合约罪是指证券交易所，期货交易所，证券公司，期货经纪公司的从业人员，证券业协会，期货业协会或者证券期货监督管理部门的工作人员，故意提供虚假信息或者伪造变造，销毁交易记录，诱骗投资者买卖证券，期货合约造成严重后果的行为。

10. 证券交易所、期货交易所、证券公司、期货经纪公司的从业人员，证券业协会、期货业协会或者证券期货监督管理部门的工作人员，故意提供虚假信息或者伪造、变造、销毁交易记录，诱骗投资者买卖证券、期货合约，造成严重后果的，处 5 年以下有期徒刑或者拘役，并处或者单处( )罚金。
   A. 1 万元以上 10 万元以下　　B. 5 万元以上 10 万元以下
   C. 5 万元以上 20 万元以下　　D. 3 万元以上 20 万元以下
【答案】A
【解析】题干所述情形，并处或者单处 1 万元以上 10 万元以下罚金。情节特别恶劣的处 5 年以上 10 年以下有期徒刑，并处 2 万元以上 20 万元以下罚金。

11. ( )是指证券交易所、期货交易所、证券公司等金融机构的从业人员以及有关监管部门或者行业协会的工作人员，利用因职务便利获取的内幕信息以外的其他未公开的信息，违反规定，从事与该信息相关的证券、期货交易活动，或者明示、暗示他人从事相关交易活动。
   A. 利用未公开信息交易罪
   B. 内幕交易、泄露内幕信息罪

C. 欺诈发行股票、债券罪

D. 诱骗投资者买卖证券、期货合约罪

【答案】A

【解析】题干是利用未公开信息交易罪的概念。

12. 下列行为可能涉嫌构成利用未公开信息交易罪的是(　　)。

A. 上市公司董事泄露该公司重组信息

B. 投资者甲利用非法获取的内幕信息买卖股票

C. 某注册会计师利用上市公司财务信息买卖股票

D. 基金经理利用所掌握的基金持仓信息买卖股票且情节严重

【答案】D

【解析】利用未公开信息交易罪的犯罪主体是证券交易所、期货交易所、证券公司、期货经纪公司、基金管理公司、商业银行、保险公司等金融机构的从业人员，以及有关监管部门或者行业协会的工作人员，只有选项 D 符合。

13. 按照《最高人民检察院　公安部关于公安机关管辖的刑事案件立案追诉标准的规定（二）》第三十五条的规定，内幕交易、泄露内幕信息案，当证券交易成交额累计在(　　)万元以上的，获利或者避免损失金额累计在(　　)万元以上的，应予立案追诉。

  A. 100；50　　　B. 50；20　　　C. 30；20　　　D. 50；15

【答案】D

【解析】内幕交易、泄露内幕信息的行为，涉嫌下列情形之一的，应予立案追究：证券交易成交额累计在 50 万元以上的；期货交易占用保证金数额累计在 30 万元以上；获利或者避免损失数额累计在 15 万元以上；多次进行内幕交易、泄露内幕信息的，其他情节严重的情形。

14. 《中华人民共和国证券法》规定，证券交易内幕信息的知情人或非法获取内幕信息的人，在涉及证券的发行、交易或者其他对证券的价格有重大影响的信息公开前，买卖该证券，或者泄露该信息，或者建议他人买卖该证券的，没收违法所得，并处以违法所得(　　)的罚款。

  A. 1 倍以上 5 倍以下　　　　　　　　B. 1 倍以上 3 倍以下

C. 1 倍　　　　　　　　　　　　D. 1 倍以上 10 倍以下

【答案】D

【解析】按《证券法》最新规定，题干所述情形，没收违法所得，并处以违法所得 1 倍以上 10 倍以下的罚款，没有违法所得或者违法所得不足 50 万元的，处以 50 万元以上 500 万元以下的罚款。

15. 按照《最高人民检察院　公安部关于公安机关管辖的刑事案件立案追诉标准的规定（二）》第三十九条的规定，涉嫌下列（　　）情形时，可以免予操纵证券、期货市场罪立案追诉。

A. 与他人串通，以事先约定的时间、价格和方式相互进行证券或者期货合约交易，且在该证券或者期货合约连续 15 个交易日内成交量累计达到该证券或者期货合约同期总成交量 20% 以上的

B. 单独或者合谋，当日连续申报买入或者卖出同一证券、期货合约并在成交前撤销申报，撤回申报量占当日该种证券总申报量 50% 以上的

C. 在自己实际控制的账户之间进行证券交易，或者以自己为交易对象，自买自卖期货合约，且在该证券或者期货合约连续 20 个交易日内成交量累计达到该证券或者期货合约同期总成交量 20% 以上的

D. 单独或者合谋，持有或者实际控制期货合约的数量超过期货交易所业务规则限定的持仓量 50% 以上，且在该期货合约连续 20 个交易日内联合或者连续买卖期货合约数累计达到该期货合约同期总成交量 30% 以上的

【答案】A

【解析】选项 A 与他人串通，以事先约定的时间、价格和方式相互进行证券或者期货合约交易，且在该证券或者期货合约连续 20 个交易日内成交量累计达到该证券或者期货合约同期总成交量 30% 以上。

16. 单位违反《中华人民共和国证券法》规定，操纵证券市场的，应当对直接负责的主管人员和其他直接责任人员给予警告，并处以（　　）的罚款。

A. 10 万元以上 500 万元以下

B. 10 万元以上 200 万元以下

C. 50 万元以上 500 万元以下

D. 10 万元以上 100 万元以下

【答案】C

【解析】操纵证券市场的，责令依法处理其非法持有的证券，没收违法所得，并处以违法所得1倍以上10倍以下的罚款，没有违法所得或者违法所得不足100万元，处以100万元以上1000万元以下的罚款，单位操纵证券市场，还应当对直接负责的主管人员和其他直接责任人员给予警告，并处以50万元以上500万元以下的罚款。

17. 禁止任何单位和个人编造、传播虚假信息或者误导性信息，扰乱证券市场。编造、传播虚假信息或者误导性信息，扰乱证券市场的，没收违法所得，并处以违法所得1倍以上10倍以下的罚款；没有违法所得或者违法所得不足20万元的，处以20万元以上（　　）万元以下的罚款。

A. 60　　　　　B. 100　　　　　C. 200　　　　　D. 500

【答案】C

【解析】题干所述情形，没有违法所得或者违法所得不足20万元的，处以20万元以上200万元以下的罚款。

18. 下列行为可能构成背信运用受托财产罪的是（　　）。

A. 证券公司以自己为交易对象，自买自卖期货合约，影响证券、期货交易价格的

B. 银行工作人员吸收客户资金入账，数额巨大或者造成重大损失的

C. 证券公司单独或合谋，集中资金优势，连续买卖，操纵证券价格

D. 证券公司擅自运用客户资金或者其他委托财产，情节严重

【答案】D

【解析】背信运用受托财产罪是指银行或者其他金融机构违背受托义务，擅自运用客户资金或者其他委托信托的财产，情节严重的行为。

二、组合型单项选择题

1. 《中华人民共和国证券法》规定，对未经法定机关核准，擅自公开或变相发行证券的，其处罚措施包括（　　）。

Ⅰ. 对直接负责的主管人员和其他直接责任人员给予警告处罚

Ⅱ. 对擅自公开或者变相公开发行证券设立的公司，由相关监管机构或者部门会同省级以上政府予以取缔

Ⅲ. 责令停止发行，退还所募资金并加算银行同期存款利息

Ⅳ. 处以非法所募资金金额1%以上5%以下的罚款

A. Ⅰ、Ⅲ B. Ⅲ、Ⅳ
C. Ⅰ、Ⅳ D. Ⅰ、Ⅱ、Ⅲ、Ⅳ

【答案】A

【解析】Ⅱ项对擅自公开或者变相公开发行证券设立的公司，由相关监管机构或者部门会同县级以上政府予以取缔；Ⅳ项处以非法所募资金金额5%以上50%以下的罚款。

2. 下列关于欺诈发行股票、债券罪的说法中，正确的有( )。

Ⅰ. 必须具有数额巨大、后果严重或者其他严重情节才构成犯罪

Ⅱ. 若单位构成犯罪的，对单位与直接负责主管人员都判处罚金

Ⅲ. 欺诈发行的方式包括在发行文件中隐瞒重要事实或者编造重大虚假内容

Ⅳ. 犯罪主体只能为个人

A. Ⅰ、Ⅱ B. Ⅲ、Ⅳ
C. Ⅱ、Ⅳ D. Ⅰ、Ⅲ

【答案】D

【解析】Ⅱ项若单位构成犯罪的，对单位判处罚金，并对其直接负责的主管人员和其他直接责任人员，处5年以下有期徒刑或者拘役；Ⅳ项欺诈发行股票、债券罪的主体主要是单位，自然人在一定条件下也能成为犯罪的主体。

3. 以下关于欺诈发行股票、证券罪应承担的法律责任，理解不正确的有( )。

Ⅰ. 保荐人出具有虚假记载、误导性陈述或者重大遗漏的保荐书，或者不履行其他法定职责的，责令改正，给予警告，没收业务收入，并处以业务收入1倍以上10倍以下的罚款

Ⅱ. 违反证券法规定，应当承担民事赔偿责任和缴纳罚款、罚金，其财产不足以同时支付的，应当先缴纳罚款、罚金

Ⅲ. 按照《证券法》规定收缴的罚款和没收的违法所得，全部上缴国库

Ⅳ. 发行人不符合发行条件，以欺骗手段骗取发行核准，尚未发行证券

第四章　证券市场典型违法违规行为及法律责任

的，处以100万元的罚款

A. Ⅰ、Ⅲ　　　B. Ⅲ、Ⅳ　　　C. Ⅱ、Ⅳ　　　D. Ⅰ、Ⅱ

【答案】C

【解析】Ⅱ项违反本法规定，应当承担民事赔偿责任和缴纳罚款、罚金、违法所得，违法行为人的财产不足以支付的，优先用于承担民事赔偿责任；Ⅳ项发行人在其公告的证券发行文件中隐瞒重要事实或者编造重大虚假内容，尚未发行证券的，处以二百万元以上二千万元以下的罚款。

4. 下列关于集资诈骗罪的说法，正确的有(　　)。

Ⅰ. 集资诈骗罪的犯罪主观方面是故意，无须以非法占有为目的

Ⅱ. 集资诈骗罪的犯罪客观方面为使用诈骗手段实施非法集资，数额较大的行为

Ⅲ. 个人集资诈骗，数额在10万元以上的；单位集资诈骗，数额在50万元以上的，应予以立案追诉

Ⅳ. 单位犯集资诈骗罪的，对单位判处罚金，并对其直接负责的主管人员和其他直接责任人员依照《中华人民共和国刑法》相关规定进行处罚

A. Ⅰ、Ⅱ　　　　　　　　　B. Ⅰ、Ⅲ、Ⅳ

C. Ⅱ、Ⅲ、Ⅳ　　　　　　　D. Ⅰ、Ⅱ、Ⅲ、Ⅳ

【答案】C

【解析】Ⅰ项集资诈骗罪犯罪主观方面是故意，且以非法占有为目的。

5. 关于违规披露、不披露重要信息罪，下列表述正确的有(　　)。

Ⅰ. 本罪侵犯的客体是国家对公司、企业的信息公开披露制度和股东、社会公众和其他利害关系人的合法权益

Ⅱ. 本罪在客观方面表现为公司向股东和社会公众提供虚假的或者隐瞒重要事实的财务会计报告，或者对依法应当披露的其他重要信息不披露或者不按规定披露，严重损害股东或者其他人的利益，或者有其他严重情节的行为

Ⅲ. 本罪在主观方面一般表现为故意，特殊情况下表现为过失

Ⅳ. 本罪的主体是一般主体

A. Ⅰ、Ⅱ　　　　　　　　　B. Ⅰ、Ⅳ

C. Ⅱ、Ⅲ　　　　　　　　　D. Ⅲ、Ⅳ

【答案】 A

【解析】 Ⅲ项本罪在主观方面只能由故意构成，过失不构成本罪；Ⅳ项本罪的主体是特殊主体，即依法负有信息披露义务的公司企业。

6. 违规披露、不披露重要信息，可以认定从轻或者减轻处罚的考虑情形包括(　　)。

　　Ⅰ. 未直接参与信息披露违法行为

　　Ⅱ. 配合证券监管机构调查且有立功表现

　　Ⅲ. 受他人胁迫参与信息披露违法行为

　　Ⅳ. 主动上交个人财产

A. Ⅰ、Ⅱ、Ⅲ　　　　　　　　B. Ⅱ、Ⅲ、Ⅳ

C. Ⅰ、Ⅱ　　　　　　　　　　D. Ⅰ、Ⅱ、Ⅲ、Ⅳ

【答案】 A

【解析】 可以认定从轻或者减轻处罚的情形，除Ⅰ项、Ⅱ项、Ⅲ项外，还包括在信息披露违法行为被发现前，及时主动要求公司采取纠正措施，或者向证券监督管理机构报告。在获悉公司信息披露违法后，向公司有关主管人员或者公司上级主管提出质疑并采取了适当措施。以及其他需要考虑的情形。

7. 根据《中华人民共和国证券法》，下列关于发行人、上市公司擅自改变公开发行证券所募集资金用途的相关法律责任的说法中，正确的有(　　)。

　　Ⅰ. 责令改正

　　Ⅱ. 对直接负责的主管人员和其他直接责任人员给予警告，并处以10万元以上100万元以下的罚款

　　Ⅲ. 发行人、上市公司的控股股东、实际控制人指使从事该违法行为的，给予市场禁入处罚

　　Ⅳ. 中国证监会将视情节轻重，对相关机构责任人采取监管谈话、责令改正等监管措施，记入诚信档案并公布

A. Ⅰ、Ⅱ　　　B. Ⅰ、Ⅳ　　　C. Ⅱ、Ⅳ　　　D. Ⅲ、Ⅳ

【答案】 A

【解析】 Ⅲ项发行人、上市公司的控股股东、实际控制人指使从事该违

法行为的，给予警告，并处以 50 万元以上 500 万元以下的罚款；Ⅳ项对直接负责的主管人员和其他直接责任人员，处以 10 万元以上 100 万元以下的罚款。

8. 下列选项中，属于诱骗投资者买卖证券、期货合约罪主体的有(　　)。
　　Ⅰ. 证券交易所的从业人员
　　Ⅱ. 期货经纪公司的从业人员
　　Ⅲ. 证券业协会的工作人员
　　Ⅳ. 证券、期货监督管理部门的工作人员
　　A. Ⅰ、Ⅱ、Ⅲ　　　　　　　　B. Ⅰ、Ⅲ、Ⅳ
　　C. Ⅰ、Ⅱ、Ⅳ　　　　　　　　D. Ⅰ、Ⅱ、Ⅲ、Ⅳ
【答案】D
【解析】选项全部正确。

9. 关于诱骗投资者买卖证券、期货合约案，下列属于应予立案追诉情形的有(　　)。
　　Ⅰ. 获利数额累计在 5 万元以上的
　　Ⅱ. 避免损失数额累计在 5 万元以上的
　　Ⅲ. 造成投资者直接经济损失数额在 5 万元以上的
　　Ⅳ. 致使交易价格和交易量异常波动的
　　A. Ⅰ、Ⅱ、Ⅲ　　　　　　　　B. Ⅲ、Ⅳ
　　C. Ⅰ、Ⅱ、Ⅳ　　　　　　　　D. Ⅰ、Ⅱ、Ⅲ、Ⅳ
【答案】D
【解析】选项全部正确。

10. 下列关于利用未公开信息交易罪的说法中，正确的有(　　)。
　　Ⅰ. 保险公司从业人员可以构成该罪主体
　　Ⅱ. 该罪和内幕交易罪的信息范围相同
　　Ⅲ. 该罪主观方面包括故意和过失
　　Ⅳ. 该罪只能是在明知为未公开信息的情况下构成
　　A. Ⅰ、Ⅱ　　B. Ⅰ、Ⅲ　　C. Ⅰ、Ⅳ　　D. Ⅱ、Ⅲ

【答案】C

【解析】Ⅱ项该罪和内幕交易罪的信息范围不同；Ⅲ项该罪主观方面应当表现为故意。

11．虚假陈述和信息误导的行为人主要包括(　　)。
Ⅰ．国家工作人员　　　　　Ⅱ．证券交易所从业人员
Ⅲ．证券业协会工作人员　　Ⅳ．新闻传播媒介从业人员
A．Ⅰ、Ⅱ、Ⅲ　　　　　　B．Ⅲ、Ⅳ
C．Ⅰ、Ⅱ、Ⅳ　　　　　　D．Ⅰ、Ⅱ、Ⅲ、Ⅳ

【答案】D

【解析】选项全部正确。

12．下列关于背信运用受托财产罪的说法中，正确的有(　　)。
Ⅰ．背信运用受托财产罪的犯罪主体是特殊主体，即金融机构
Ⅱ．背信运用受托财产罪客观上表现为实施了违背受托义务、擅自运用客户资金的行为
Ⅲ．本罪的主观方面表现为过失
Ⅳ．本罪既处罚单位，也处罚直接负责的主管人员和其他直接责任人员
A．Ⅰ、Ⅱ、Ⅲ　　　　　　B．Ⅰ、Ⅲ、Ⅳ
C．Ⅰ、Ⅱ、Ⅳ　　　　　　D．Ⅱ、Ⅲ、Ⅳ

【答案】C

【解析】Ⅲ项背信运用受托财产罪主观方面表现为故意，过失不构成本罪。

第五章 行业文化、职业道德与从业人员行为规范

一、单项选择题

1. (　　)是指证券期货经营机构及其工作人员在开展证券期货业务及相关活动中,严格遵守法律法规、中国证监会的规定和行业自律规则,遵守社会公德、商业道德、职业道德和行为规范,公平竞争,合规经营,忠实勤勉,诚实守信,不直接或者间接向他人输送不正当利益或者谋取不正当利益。

A. 诚信经营　　B. 廉洁从业　　C. 诚信执业　　D. 专业执业

【答案】B

【解析】题干是廉洁从业的概念。

2. 根据《证券业从业人员资格管理办法》,从事证券业务的专业人员不包括(　　)。

A. 证券资信评估机构中从事证券资信评估业务的专业人员及其管理人员

B. 证券投资咨询机构中从事证券投资咨询业务的专业人员及其管理人员

C. 证券公司从事证券经纪业务部门的管理人员

D. 信托机构业务部门的管理人员

【答案】D

【解析】信托机构业务部门的管理人员不属于证券从业人员的范围。

3. 证券期货经营机构(　　)决定廉洁从业管理目标,对廉洁从业管理的有效性承担责任。

A. 董事会   B. 监事会   C. 股东大会   D. 董秘

【答案】A

【解析】董事会决定廉洁从业管理目标，对廉洁从业管理的有效性承担责任。

4. 证券期货经营机构应当于每年(　　)前，向中国证监会有关派出机构报送上年度廉洁从业管理情况报告。

A. 3月30日   B. 4月30日   C. 6月30日   D. 12月31日

【答案】B

【解析】证券期货经营机构应当于每年4月30日前，向中国证监会有关派出机构报送上一年度廉洁从业管理情况报告。

5. 证券期货经营机构及其工作人员发现其股东、客户等相关方，以不正当手段干扰监管工作的，证券期货经营机构应当在(　　)向中国证监会有关派出机构报告。

A. 3个工作日内   B. 5个工作日内
C. 7个工作日内   D. 10个工作日内

【答案】B

【解析】题干所述情形，证券期货经营机构应当在5个工作日之内，向中国证监会有关派出机构报告。

6. 证券经营机构违反《证券经营机构及其工作人员廉洁从业实施细则》的，中国证券业协会视情节轻重，可以采取的措施不包括(　　)。

A. 责令改正   B. 公开谴责
C. 出具警示函   D. 取消会员资格

【答案】C

【解析】出具警示函属于中国证监会的行政监管措施。

7. 《证券期货市场诚信监督管理办法》规定的违法失信信息，在诚信档案中的效力期限为(　　)，但因证券期货违法行为被行政处罚、市场禁入、刑事处罚和判决承担较大侵权、违约民事赔偿责任的信息，其效力期限为(　　)。

A. 3 年；5 年 B. 5 年；10 年
C. 3 年；10 年 D. 10 年；20 年

【答案】A

【解析】题干所述，一般违法失信信息，效力期限为 3 年，严重违法失信信息，效力期限为 5 年。

8. 根据《证券市场禁入规定》，行为恶劣、严重扰乱证券市场秩序、严重损害投资者利益或者在重大违法活动中起主要作用等情节较为严重的，可以对有关责任人员采取(　　)的证券市场禁入措施。

A. 3～5 年 B. 5～8 年 C. 5～10 年 D. 10～15 年

【答案】C

【解析】题干所述情形可以对有关责任人员采取 5～10 年的证券市场禁入措施。

9. 下列选项中，不属于可以对有关责任人员采取终身的证券市场禁入措施行为的是(　　)。

A. 严重违反法律、行政法规或者中国证监会有关规定，被行政处罚的

B. 违反法律、行政法规或者中国证监会有关规定，行为特别恶劣，严重扰乱证券市场秩序并造成严重社会影响，或者致使投资者利益遭受特别严重损害的

C. 组织、策划、领导或者实施重大违反法律、行政法规或者中国证监会有关规定的活动的

D. 违反法律、行政法规或者中国证监会有关规定，情节特别严重的

【答案】A

【解析】严重违反法律、行政法规或者中国证监会有关规定，构成犯罪的可以采取终身禁入的措施。

10. 从业人员应当通过所在机构进行登记，机构应当自从业人员入职（含试用期）之日起(　　)个工作日内，通过协会从业人员管理平台，将经本机构审核过的从业人员登记信息提交至协会进行登记。

A. 3 B. 5 C. 7 D. 10

【答案】C

【解析】题干所述情形，机构应当在7个工作日内向协会提交登记。

11. 根据《关于证券业从业人员登记管理有关事项的通知》，下列说法不正确的是(   )。

    A. 机构或从业人员在登记中存在弄虚作假等违规行为的，协会将视情节轻重采取自律管理措施或纪律处分

    B. 从业人员受到协会暂停执业纪律处分的，协会予以注销登记

    C. 监管机构将加大惩戒力度，落实终身追责，防止责任人通过辞职、离职等手段逃避追责

    D. 自律组织对违反职业道德准则要求的行为，依法从重处理，充分发挥自律措施对从业人员的管理作用

【答案】B

【解析】从业人员受到协会暂停执业纪律处分的，协会予以中止登记。从业人员受到刑事处罚、被证券市场禁入或者受到协会"终止执业"纪律处分的，协会予以注销登记。

12. 下列属于从事技术、风险监控、合规管理人员可以从事的工作是(   )。

    A. 营销　　　　　　　　B. 客户账户存管
    C. 客户资金存管　　　　D. 合规资格审查

【答案】D

【解析】从事技术、风险监控、合规管理人员不得从事营销、客户账户和客户资金存管等业务活动。

13. 证券公司应当对证券经纪人进行不少于(   )个小时的执业前培训，其中法律法规和职业道德的培训时间不少于20个小时。

    A. 30　　　　B. 50　　　　C. 60　　　　D. 90

【答案】C

【解析】证券公司应当对证券经纪人进行不少于60个小时的执业前培训。

14. 下列属于基金销售机构的是(   )。

A. 中国人民银行　　　　　　B. 证券交易所
C. 证券投资咨询机构　　　　D. 中国证券业协会

【答案】C

【解析】基金销售机构包括商业银行、证券公司、证券投资咨询机构、专业基金销售机构等。

15. 下列关于证券、期货投资咨询人员申请取得证券、期货投资咨询从业资格必须具备的条件，说法正确的是(　　)。

A. 通过中国证监会统一组织的证券、期货从业人员资格考试
B. 期货投资咨询人员具有从事期货业务 3 年以上的经历
C. 具有硕士研究生以上学历
D. 证券投资咨询人员具有从事证券业务 5 年以上的经历

【答案】A

【解析】证券投资咨询人员具有从事证券业务两年以上的经历，选项 B 错误；期货投资咨询人员具有从事期货业务两年以上的经历，选项 D 错误；具有大学本科以上学历，选项 C 错误。

16. 关于证券投资顾问、证券分析师变更岗位或者离职的说法，以下说法不正确的是(　　)。

A. 中国证券业协会依据证券公司提交的人员离职备案材料，办理注销该人员的证券投资顾问或者证券分析师注册登记
B. 有关人员变更注册登记完成后，方可从事相关业务
C. 证券投资顾问变更岗位从事发布证券研究报告业务，所在的证券公司应当在 7 个工作日内，向中国证券业协会申请注销有关人员的原注册登记，并为该人员办理新的注册登记
D. 证券分析师离职，其所在证券公司应当在其提出离职申请起 7 个工作日内，通过中国证券业执业证书管理系统提交离职备案

【答案】D

【解析】证券投资顾问、证券分析师离职，其所在证券公司、证券投资咨询机构应当在劳动合同解除之日起 7 个工作日内提交离职备案。

17. 向投资者销售或者提供"荐股软件"，并直接或者间接获取经济利

益的，应当经中国证监会许可，取得(　　)资格。

A. 承销与保荐业务　　　　　B. 证券经纪业务

C. 证券投资咨询业务　　　　D. 一般证券业务

【答案】C

【解析】向投资者销售或者提供"荐股软件"，应当取得证券投资咨询业务资格。

18. 保荐工作底稿应当真实、准确、完整地反映整个保荐工作的全过程，保存期不少于(　　)年。

A. 5　　　　　B. 10　　　　　C. 15　　　　　D. 20

【答案】D

【解析】保荐工作底稿保存期不少于20年。

19. 以下关于保荐代表人执业行为的说法，错误的是(　　)。

A. 原保荐代表人在具体负责保荐工作期间未勤勉尽责的，其责任在保荐代表人更换时免除或终止

B. 一般来说，2名保荐代表人具体负责1家发行人的保荐工作

C. 保荐代表人必须为其具体负责的每一个项目建立尽职调查工作日志

D. 保荐人机构应当定期对尽职调查工作日志进行检查

【答案】A

【解析】原保荐代表人在具体负责保荐工作期间未勤勉尽责的，其责任不因保荐代表人的更换而免除或者终止。

20. 发行人在持续督导期间首次公开发行股票并上市之日起12个月内累计(　　)以上的资产或者主营业务发生重组，中国证监会可根据情节轻重，自确认之日起3个月到12个月内不受理相关保荐代表人具体负责的推荐；情节特别严重的，撤销其保荐代表人资格。

A. 20%　　　　　B. 30%　　　　　C. 50%　　　　　D. 80%

【答案】C

【解析】题干所述情形，适用于50%以上的资产或者主营业务发生重组。

21. 按照《上市公司并购重组财务顾问业务管理办法》规定，财务顾问主办人应该最近( )个月未因执业行为违法违规受到处罚。

A. 6　　　　　　B. 12　　　　　　C. 24　　　　　　D. 36

【答案】D

【解析】财务顾问主办人应该最近36个月未因执业行为违法违规受到处罚。

22. 下列关于资产管理业务投资经理执业行为的说法，不正确的是( )。

A. 证券期货经营机构应当采取有效措施，确保私募资产管理业务与其他业务在场地、人员、账户、资金、信息等方面相分离

B. 投资经理应当在授权范围内独立、客观地履行职责，重要投资应当有详细的研究报告和风险分析支持

C. 同一资产管理计划不得在同一交易日内进行反向交易

D. 投资经理、交易执行等岗位可以相互兼任，提高执行效率

【答案】D

【解析】投资经理、交易执行、风险控制等岗位不得相互兼任。

23. 证券评级机构及证券资信评级业务人员从事证券评级业务，应当遵循( )原则，即对同一评级，或者对同一评级对象跟踪评级，应当采用一致的评级标准和工作程序

A. 客观性　　　B. 公平性　　　　C. 一致性　　　　D. 独立性

【答案】C

【解析】题干是对一致性原则的描述。

二、组合型单项选择题

1. 证券行业文化建设的重要意义包括( )。

Ⅰ. 健康良好的行业文化是行稳致远的立身之本

Ⅱ. 健康良好的行业文化是全面深化资本市场改革的重要保障

Ⅲ. 健康良好的行业文化是服务实体经济的内在要求

Ⅳ. 健康良好的行业文化是防范金融风险的有力抓手

A. Ⅰ、Ⅲ　　　　　　　　　　　　B. Ⅰ、Ⅲ、Ⅳ

C. Ⅲ、Ⅳ   D. Ⅰ、Ⅱ、Ⅲ、Ⅳ

【答案】 D

【解析】 选项全部正确。

2. ( )是证券行业文化理念的体现，是资本市场长期稳定健康发展的价值取向。

　Ⅰ. 合规　　Ⅱ. 诚信　　Ⅲ. 专业　　Ⅳ. 稳健

A. Ⅰ、Ⅲ   B. Ⅱ、Ⅳ

C. Ⅱ、Ⅲ、Ⅳ   D. Ⅰ、Ⅱ、Ⅲ、Ⅳ

【答案】 D

【解析】 选项全部正确。

3. 以下属于行业文化建设基本要求的有( )。

　Ⅰ. 坚持专业精神，提升服务能力

　Ⅱ. 坚持依法合规，筑牢发展基础

　Ⅲ. 坚持稳健经营，促进健康发展

　Ⅳ. 牢记社会责任，展现良好形象

A. Ⅱ、Ⅲ、Ⅳ   B. Ⅰ、Ⅲ、Ⅳ

C. Ⅰ、Ⅱ、Ⅲ   D. Ⅰ、Ⅱ、Ⅲ、Ⅳ

【答案】 D

【解析】 选项全部正确。此外还包括坚持诚实守信，恪守职业操守；坚持廉洁自律，弘扬清风正气。

4. 证券期货经营机构及其工作人员不得以( )方式向公职人员客户、正在洽谈的潜在客户，或者其他利益关系人输送不正当利益。

　Ⅰ. 提供礼金礼品，房产汽车有价证券，股权佣金返还等财物，或者为上述行为提供代持等便利

　Ⅱ. 提供旅游宴请，娱乐健身，工作安排等利益

　Ⅲ. 安排显著偏离公允价格的结构化、高收益、保本理财产品等交易

　Ⅳ. 直接或者间接向他人提供内幕信息、未公开信息、商业秘密和客户信息，明示或者暗示他人从事相关交易

A. Ⅰ、Ⅱ、Ⅲ   B. Ⅰ、Ⅲ、Ⅳ

C. Ⅱ、Ⅲ、Ⅳ 　　　　　　　　D. Ⅰ、Ⅱ、Ⅲ、Ⅳ

【答案】D

【解析】选项全部正确。此外还包括其他输送不正当利益的情形。

5. 证券期货经营机构及其工作人员违反《证券期货经营机构及其工作人员廉洁从业规定》的，中国证监会可以采取（　　）行政监管措施。

Ⅰ. 出具警示函

Ⅱ. 责令参加培训、责令定期报告、责令改正

Ⅲ. 监管谈话、认定为不适当人选

Ⅳ. 暂不受理行政许可相关文件

A. Ⅰ、Ⅱ、Ⅲ 　　　　　　　　B. Ⅰ、Ⅲ、Ⅳ

C. Ⅱ、Ⅲ、Ⅳ 　　　　　　　　D. Ⅰ、Ⅱ、Ⅲ、Ⅳ

【答案】D

【解析】选项全部正确。

6. 证券期货经营机构及其工作人员违反《证券期货经营机构及其工作人员廉洁从业规定》，有（　　）情形之一的中国证监会应当从重处理。

Ⅰ. 直接、间接或者唆使、协助他人向监管人员输送利益

Ⅱ. 连续或者多次违反本规定

Ⅲ. 涉及金额较大或者涉及人员较多

Ⅳ. 曾经为公职人员，特别是监管人员，以及曾任证券期货经营机构合规风控职务的人员

A. Ⅰ、Ⅱ、Ⅲ 　　　　　　　　B. Ⅰ、Ⅲ、Ⅳ

C. Ⅱ、Ⅲ、Ⅳ 　　　　　　　　D. Ⅰ、Ⅱ、Ⅲ、Ⅳ

【答案】D

【解析】选项全部正确。此外还包括产生恶劣社会影响，以及中国证监会认定应当从重处理的其他情形。

7. 从事证券期货市场活动的证券从业人员的诚信信息，下列属于应当记入诚信档案的有（　　）。

Ⅰ. 姓名　　Ⅱ. 国籍　　Ⅲ. 性别　　Ⅳ. 身份证件号码

A. Ⅰ、Ⅱ、Ⅳ 　　　　　　　　B. Ⅱ、Ⅲ、Ⅳ

C.Ⅰ、Ⅱ、Ⅲ   D.Ⅰ、Ⅱ、Ⅲ、Ⅳ

【答案】D

【解析】选项全部正确。

8. 下列主体中，作出的表彰、奖励、评比应记入奖励信息的有(　　)。
   Ⅰ. 中国证券业协会　　Ⅱ. 中证机构间报价系统股份有限公司
   Ⅲ. 中国证监会　　Ⅳ. 地方性证券协会
   A.Ⅱ、Ⅲ   B.Ⅰ、Ⅱ、Ⅳ
   C.Ⅰ、Ⅱ、Ⅲ、Ⅳ   D.Ⅰ、Ⅲ、Ⅳ

【答案】C

【解析】应记入奖励信息的主体：中国证券业协会、中证机构间报价系统股份有限公司及地方性证券业协会，中国证券业协会认为有必要记录其奖励信息的其他单位。

9. 下列属于证券市场禁入措施的实施对象的有(　　)。
   Ⅰ. 上市公司的董事会秘书
   Ⅱ. 证券公司实际控制人的高级管理人员
   Ⅲ. 证券公司业务部门的负责人
   Ⅳ. 上市公司的控股股东
   A.Ⅰ、Ⅲ   B.Ⅰ、Ⅲ、Ⅳ
   C.Ⅲ、Ⅳ   D.Ⅰ、Ⅱ、Ⅲ、Ⅳ

【答案】D

【解析】选项全部正确。证券市场禁入措施的实施对象非常广泛。

10. 有下列(　　)情形的，中国证监会可以对有关责任人员从轻、减轻或者免予采取证券市场禁入措施。
    Ⅰ. 主动消除或者减轻违法行为危害后果的
    Ⅱ. 配合查处违法行为，有立功表现的
    Ⅲ. 受他人指使、胁迫有违法行为，且能主动交代违法行为的
    Ⅳ. 出具虚假重要证据的
    A.Ⅰ、Ⅱ、Ⅲ   B.Ⅰ、Ⅲ、Ⅳ
    C.Ⅱ、Ⅲ、Ⅳ   D.Ⅰ、Ⅱ、Ⅲ、Ⅳ

第五章　行业文化、职业道德与从业人员行为规范

【答案】A

【解析】Ⅳ项应为其他可以从轻、减免或者免予采取证券市场禁入措施的。

11. 根据《证券业从业人员资格管理办法》，从事证券业务的专业人员包括(　　)。

　　Ⅰ. 证券公司中从事自营、经济承销投资咨询，受托投资管理等业务的专业人员，不包括相关业务部门的管理人员

　　Ⅱ. 基金销售机构中从事基金宣传、推销、咨询等业务的专业人员

　　Ⅲ. 证券投资咨询机构中从事证券投资咨询业务的专业人员

　　Ⅳ. 证券资信评级机构中从事证券资信评级业务的专业人员

　　A. Ⅰ、Ⅱ、Ⅲ　　　　　　　　　B. Ⅰ、Ⅲ、Ⅳ

　　C. Ⅱ、Ⅲ、Ⅳ　　　　　　　　　D. Ⅰ、Ⅱ、Ⅲ、Ⅳ

【答案】C

【解析】Ⅰ项及所有相关机构的专业人员范围都包括相关业务部门的管理人员，此外还包括中国证监会规定的其他人员。

12. 根据《证券业从业人员资格管理办法》规定，取得从业资格的人员，符合下列(　　)条件的，可以通过证券经营机构申请执业证书。

　　Ⅰ. 具备从事证券业务所需的专业能力

　　Ⅱ. 最近2年未受过刑事处罚

　　Ⅲ. 未被中国证监会认定为证券市场禁入者，或者已过禁入期

　　Ⅳ. 品行端正，具有良好的职业道德

　　A. Ⅰ、Ⅲ　　　B. Ⅰ、Ⅲ、Ⅳ　　　C. Ⅲ、Ⅳ　　　D. Ⅰ、Ⅱ、Ⅳ

【答案】B

【解析】Ⅱ项应为最近3年未受过刑事处罚。

13. 根据《关于证券业从业人员登记管理有关事项的通知》，下列属于从业人员登记类别的有(　　)。

　　Ⅰ. 一般证券业务　　Ⅱ. 证券经纪人

　　Ⅲ. 保荐代表人　　　Ⅳ. 证券投资咨询（其他）

　　A. Ⅰ、Ⅲ　　　　　　　　　　　B. Ⅰ、Ⅲ、Ⅳ

C. Ⅲ、Ⅳ   D. Ⅰ、Ⅱ、Ⅲ、Ⅳ

【答案】D

【解析】选项全部正确。此外还包括证券投资咨询（投资顾问）和证券投资咨询（分析师）两个方向。

14.《证券从业人员执业行为准则》要求从业人员(　　)。

Ⅰ. 在执业过程中维护客户和其他相关方的合法利益

Ⅱ. 具备从事相关业务活动所需的专业知识和技能，取得相应的从业资格

Ⅲ. 不得从事与其履行职责有利益冲突的业务

Ⅳ. 不得损害所在机构的合法权益

A. Ⅰ、Ⅱ、Ⅲ   B. Ⅰ、Ⅲ、Ⅳ

C. Ⅱ、Ⅲ、Ⅳ   D. Ⅰ、Ⅱ、Ⅲ、Ⅳ

【答案】D

【解析】选项全部正确。

15. 根据《证券从业人员职业道德准则》，下列属于证券从业人员需要遵守的职业道德准则的有(　　)。

Ⅰ. 敬畏法律，遵纪守规　　Ⅱ. 持续精进，追求卓越

Ⅲ. 尊重包容，共同发展　　Ⅳ. 关爱社会，益国利民

A. Ⅰ、Ⅱ、Ⅲ   B. Ⅰ、Ⅲ、Ⅳ

C. Ⅱ、Ⅲ、Ⅳ   D. Ⅰ、Ⅱ、Ⅲ、Ⅳ

【答案】D

【解析】选项全部正确。

16. 证券公司开展经纪业务时，与客户权益变动相关业务的经办人员之间，应当建立制衡机制。关于应当一人操作、一人复核，复核应当留痕的业务种类，说法正确的有(　　)。

Ⅰ. 客户资金账户及证券账户的开立

Ⅱ. 客户资金账户及证券账户的信息修改

Ⅲ. 建立及变更客户资金存管关系

Ⅳ. 客户证券账户转托管和撤销指定交易

第五章　行业文化、职业道德与从业人员行为规范

A. Ⅰ、Ⅱ、Ⅲ　　　　　　　　B. Ⅰ、Ⅲ、Ⅳ
C. Ⅱ、Ⅲ、Ⅳ　　　　　　　　D. Ⅰ、Ⅱ、Ⅲ、Ⅳ

【答案】D

【解析】选项全部正确。

17. 证券经纪人可以从事的活动有(　　)。

Ⅰ. 向客户介绍证券公司和证券市场的基本情况

Ⅱ. 向客户介绍证券投资的基本知识

Ⅲ. 向客户传递由证券公司统一提供的证券类金融产品宣传推介材料及有关信息

Ⅳ. 向客户介绍开户、交易等业务流程

A. Ⅰ、Ⅱ、Ⅲ　　　　　　　　B. Ⅲ、Ⅳ
C. Ⅱ、Ⅲ　　　　　　　　　　D. Ⅰ、Ⅱ、Ⅲ、Ⅳ

【答案】D

【解析】选项全部正确。

18. 证券公司与证券经纪人，委托合同应当载明的事项有(　　)。

Ⅰ. 证券经纪人的代理权限

Ⅱ. 证券经纪人的执业地域范围

Ⅲ. 证券经纪人的基本行为规范

Ⅳ. 证券经纪人的报酬计算与支付方式

A. Ⅰ、Ⅱ、Ⅲ　　　　　　　　B. Ⅲ、Ⅳ
C. Ⅱ、Ⅲ　　　　　　　　　　D. Ⅰ、Ⅱ、Ⅲ、Ⅳ

【答案】D

【解析】选项全部正确。

19. 证券经纪，业务营销人员执业行为的禁止性行为包括(　　)。

Ⅰ. 替客户办理账户开立、注销、转移，证券认购、交易或者资金存取、划转、查询等事宜

Ⅱ. 与客户约定分享投资收益，对客户证券买卖的收益或者赔偿证券买卖的损失作出承诺

Ⅲ. 泄露客户的商业秘密或者个人隐私

Ⅳ. 为客户之间的融资提供中介担保或者其他便利

A. Ⅰ、Ⅱ、Ⅲ
B. Ⅲ、Ⅳ
C. Ⅱ、Ⅲ
D. Ⅰ、Ⅱ、Ⅲ、Ⅳ

【答案】D

【解析】选项全部正确。

20. 甲为证券投资顾问，乙为证券分析师，丙为保荐代表人，丁为客户资产管理业务投资主办人，其中属于证券投资咨询执业人员的有（   ）。

Ⅰ. 甲　　Ⅱ. 乙　　Ⅲ. 丙　　Ⅳ. 丁

A. Ⅰ、Ⅱ
B. Ⅰ、Ⅱ、Ⅲ
C. Ⅱ、Ⅲ
D. Ⅰ、Ⅲ、Ⅳ

【答案】A

【解析】证券投资咨询执业人员分为证券投资顾问和证券分析师。

21. 证券公司、证券投资咨询机构为现有证券投资咨询执业人员，集中办理证券投资顾问、证券分析师的注册登记，应当向证券业协会报送的材料包括（   ）。

Ⅰ. 公司证券投资咨询业务许可证明复印件

Ⅱ. 申请注册为证券投资顾问的人员基本信息表，包括人员姓名、身份证号码、登记编码、所在业务部门、工作地点等信息

Ⅲ. 公司证券投资顾问人员管理制度，证券分析师人员管理制度及人员分类情况说明

Ⅳ. 证券业协会要求提供的其他材料或者证明文件

A. Ⅰ、Ⅱ
B. Ⅰ、Ⅱ、Ⅲ
C. Ⅱ、Ⅲ
D. Ⅰ、Ⅱ、Ⅲ、Ⅳ

【答案】D

【解析】选项全部正确。

22. 证券、期货投资咨询机构及其投资咨询人员，不得从事的活动包括（   ）。

Ⅰ. 代理投资人从事证券、期货买卖

Ⅱ. 向投资人承诺证券、期货投资收益

Ⅲ. 与投资人约定分享投资收益或者分担投资损失

Ⅳ. 为自己买卖股票及具有股票性质、功能的证券以及期货

A. Ⅰ、Ⅱ
B. Ⅰ、Ⅱ、Ⅲ
C. Ⅱ、Ⅲ
D. Ⅰ、Ⅱ、Ⅲ、Ⅳ

【答案】D

【解析】选项全部正确。

23. 根据《证券发行上市保荐业务管理办法》，保荐代表人应当具备的条件包括(　　)。

Ⅰ. 熟悉掌握保荐业务相关的法律、会计、财务管理、税务、审计等专业知识

Ⅱ. 最近5年内具备36个月以上保荐相关业务经历

Ⅲ. 最近12个月持续从事保荐相关业务

Ⅳ. 最近3年未受到证券交易所等自律组织的重大纪律处分或者中国证监会的行政处罚、重大行政监管措施

A. Ⅰ、Ⅳ
B. Ⅰ、Ⅱ、Ⅳ
C. Ⅰ、Ⅱ、Ⅲ
D. Ⅰ、Ⅱ、Ⅲ、Ⅳ

【答案】D

【解析】选项全部正确。

24. 保荐代表人履行保荐职责可对发行人行使以下(　　)权利。

Ⅰ. 列席发行人的经理会

Ⅱ. 对发行人的信息披露文件及向中国证监会、证券交易所提交的其他文件进行事前审阅

Ⅲ. 对发行人违法违规的事项发表公开声明

Ⅳ. 不定期对发行人进行回访，查阅保荐工作需要的发行人材料

A. Ⅰ、Ⅱ、Ⅳ
B. Ⅰ、Ⅲ、Ⅳ
C. Ⅱ、Ⅲ、Ⅳ
D. Ⅰ、Ⅱ、Ⅲ、Ⅳ

【答案】C

【解析】Ⅰ项应为列席发行人的股东大会、董事会和监事会。

25. 保荐代表人出现以下(　　)情形之一的，中国证监会可以采取认定

为不适当人选的监管措施；情节严重的，对其采取证券市场禁入的措施。

Ⅰ．在与保荐工作相关文件上签字推荐发行人证券发行上市，但未参加尽职调查工作，或者尽职调查工作不彻底、不充分，明显不符合业务规则和行业规范

Ⅱ．本人及其配偶持有发行人的股份

Ⅲ．唆使、协助或者参与发行人及证券服务机构提供存在虚假记载、误导性陈述或者重大遗漏的文件

Ⅳ．参与组织编制的与保荐工作相关文件存在虚假记载、误导性陈述或者重大遗漏

A．Ⅰ、Ⅱ、Ⅲ
B．Ⅰ、Ⅲ、Ⅳ
C．Ⅱ、Ⅲ、Ⅳ
D．Ⅰ、Ⅱ、Ⅲ、Ⅳ

【答案】D

【解析】选项全部正确。此外还包括通过从事保荐业务谋取不正当利益。

26. 财务顾问应当建立健全内部报告制度，并对中国证监会提出的问题进行充分的研究、论证，审慎回复。回复意见应当由(　　)签名，并加盖财务顾问单位签章。

Ⅰ．部门负责人

Ⅱ．财务顾问的法定代表人或者其授权代表人

Ⅲ．财务顾问主办人

Ⅳ．项目协办人

A．Ⅰ、Ⅱ、Ⅲ
B．Ⅰ、Ⅲ、Ⅳ
C．Ⅱ、Ⅲ、Ⅳ
D．Ⅰ、Ⅱ、Ⅲ、Ⅳ

【答案】C

【解析】回复意见应当由财务顾问的法定代表人或者其授权代表人、财务顾问主办人、项目协办人签名，并加盖财务顾问单位签章。

27. 资产管理业务投资经理应具备的条件包括(　　)。

Ⅰ．具备从事证券业务所需的专业能力

Ⅱ．具有三年以上投资管理、投资研究、投资咨询等相关业务经验

Ⅲ．具有良好的诚信记录和职业操守

Ⅳ. 最近三年未被监管机构采取重大行政监管措施、行政处罚

A. Ⅰ、Ⅱ、Ⅲ B. Ⅰ、Ⅲ、Ⅳ
C. Ⅱ、Ⅲ、Ⅳ D. Ⅰ、Ⅱ、Ⅲ、Ⅳ

【答案】D

【解析】选项全部正确。

28. 证券评级业务的评级对象包括( )。

Ⅰ. 中国证监会依法核准发行的债券
Ⅱ. 中国证监会依法核准发行的资产支持证券
Ⅲ. 在证券交易所上市交易的债券
Ⅳ. 在证券交易所上市交易的资产支持证券

A. Ⅰ、Ⅱ、Ⅲ B. Ⅰ、Ⅲ、Ⅳ
C. Ⅱ、Ⅲ、Ⅳ D. Ⅰ、Ⅱ、Ⅲ、Ⅳ

【答案】D

【解析】选项全部正确。

29. 资信评级机构负责证券评级业务的高级管理人员，应当具备的条件包括( )。

Ⅰ. 具备从事证券业务所需的专业能力
Ⅱ. 通过证券评级业务高级管理人员资质测试
Ⅲ. 最近 10 年未因违法经营受到行政处罚，不存在因涉嫌违法经营、犯罪正在被调查的情形
Ⅳ. 未被金融监管机构采取市场禁入措施，或者禁入期已满

A. Ⅰ、Ⅱ、Ⅲ B. Ⅰ、Ⅲ、Ⅳ
C. Ⅱ、Ⅲ、Ⅳ D. Ⅰ、Ⅱ、Ⅳ

【答案】D

【解析】Ⅲ项应为最近 3 年未因违法经营受到行政处罚，不存在因涉嫌违法经营、犯罪正在被调查的情形。